増補新版

おいしい野菜が
たくさんできる！

# 土・肥料の作り方・使い方

柴田一 監修
原由紀子 著

西東社

# 植物の住環境を整える「土」

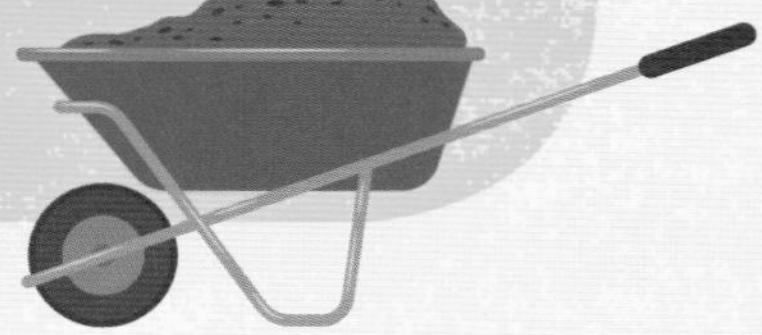

野菜づくりに**最適な土**は？
P22–27

堆肥は肥料？ それとも土？
P36–41

生ごみで**堆肥**をつくりたい！
P42–47

**土壌改良**はできる？
P48–53

連作障害は土に原因がある？
P54

栽培用土は**リサイクル**できる？
P58

畑の土は毎年変えたほうがよい？
P134

## 植物に栄養と力を与える
# 「肥料」

肥料は**なぜ必要**なの？
P80－89

野菜に必要な肥料の成分を知りたい！
P82

肥料に必要な**三要素**ってなに？
P84－89

有機質肥料、化学肥料はどう違う？
P91－101

**効果**がすぐ現れる肥料を知りたい！
P108

全面施肥、作条施肥ってなんのこと？
P113

**有機質**肥料だけで栽培したい！
P110

一目でわかる!

# 土づくりと施肥の流れ

## 1 整地する

▶ゴミや小石、雑草などを除去。

整地は
土づくりの第一歩。
除草は根から
しっかり行って。

➡P64

## 2 土を耕す

▶土を掘り起こし、上層と下層を入れ替える。

空気を入れて
ふかふかの
土にすることで
作物の根がよく伸び、
収穫まで元気に育つ。

➡P65

## 3 土をならす

▲塊を砕いて土をならす。

塊の土を
ほぐすことで、
この後の作業が
スムーズに。

➡P67

# 4
# 有機物を入れる

▼腐葉土や堆肥を混ぜ込む。

通気性、
排水性、保肥性が
アップ。作物が
育ちやすい土壌に。

➡P36~47, 67

# 5
# 酸度の調整

▶酸度を測定する。

酸性の土壌は
根の生育障害が
起きやすい。

➡P48~53, 68

# 6
# 肥料を入れる

▶元肥を施す。

実りをよくする
ために、植え付け前に
肥料を入れる。
これで土づくりは
ほぼ完了！

➡P68, 112~116

次ページへ
つづく

# 7 畝だて・マルチング

水はけや
通気性をよくする
ために行う。間引きや
除草の作業もラクになる。

➡P56, 70, 142

▼土を盛り上げて、畝をつくる。

雑草をおさえ
保温・保湿効果
がある。

▲シートで覆う。

## タネまき・苗の植え付け

畑にタネを
まく、または
苗を植える。

# 8 追肥・土寄せ

▲根の伸びる周辺にまいたり、溝を掘って施す。

▶追肥後は、土を株元に寄せる。

生育期間の
長い野菜は、生育状況に
応じて肥料を追加（追肥）
することで、実りがよくなる。

➡P106~119, 140

# 9 中耕

▼固まった土の表層を砕く。

8、9は同じタイミングで行うと効率的。
➡ P69, 112

収穫

# 10 収穫後

▼畑の隅にまとめて整理する。

収穫後に出た根や枝葉の残りをまとめて整理して次の栽培に備える。

▶穴を掘って埋め込んでもOK。

増補新版

# おいしい野菜がたくさんできる！ 土・肥料の作り方・使い方

# 肥料の章 78



※本書は特に明記しない限り、2023年12月31日現在の情報に基づいています。

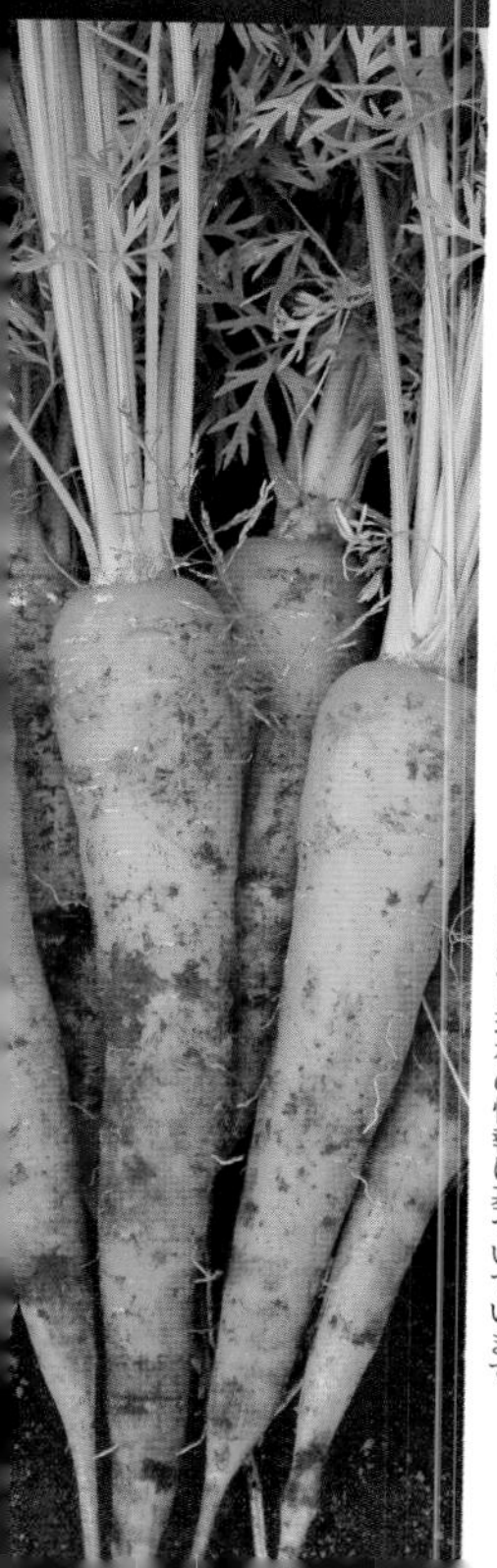

# 植物の生態とからだの機能

ふだん、身近であるがために気にしない植物ですが、注意して見ると生きるための知恵と工夫に富んだからだをしていることがわかります。植物は動物と違って、一度根をおろすと動くことはできません。いろいろな悪条件にも耐え、子孫を残すことを使命とし、生きていくためのエネルギーを自ら生成しながら生きています。

野菜を上手に育て、たくさんの収穫を得るために、植物の生態やからだの機能を知って、土づくり、肥料計画などに役立てましょう。

## 1 植物のからだ

植物のからだは、花、葉、茎、根に大別されます。それぞれの部分は、生命を維持し、生長するために密接に関わっています。

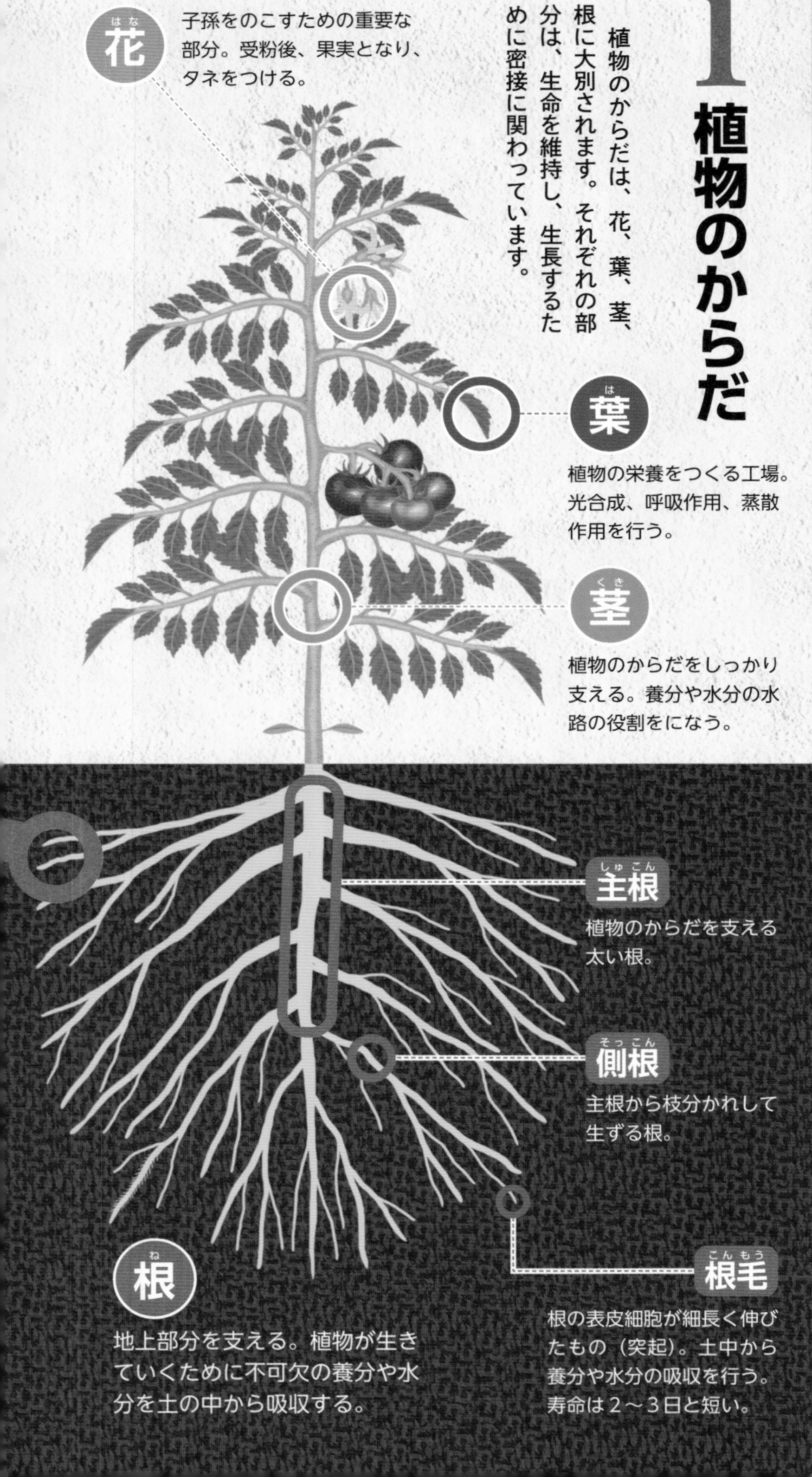

花（はな）
子孫をのこすための重要な部分。受粉後、果実となり、タネをつける。
葉（は）
植物の栄養をつくる工場。光合成、呼吸作用、蒸散作用を行う。
茎（くき）
植物のからだをしっかり支える。養分や水分の水路の役割をになう。
主根（しゅこん）
植物のからだを支える太い根。
側根（そっこん）
主根から枝分かれして生ずる根。
根毛（こんもう）
根の表皮細胞が細長く伸びたもの（突起）。土中から養分や水分の吸収を行う。寿命は2～3日と短い。
根（ね）
地上部分を支える。植物が生きていくために不可欠の養分や水分を土の中から吸収する。

# 2 根のつくりと役割

根は、植物が生きていくうえでいちばん大事な部分。植物が倒れないようにしっかり根を張ってからだを支えます。また、土中から養分や水分を吸い上げる吸収口の役割をはたします。

根は常に伸びつづけていないと養分や水分を吸収する機能が衰え、植物の生育が阻害されます。いつも新しい根を伸ばすことがよい収穫をもたらすことにつながります。堆肥を入れての土づくり、肥料の施用、中耕などの栽培管理はすべて、順調な根の生長のためなのです。

## 根腐れは土中の酸欠で起こる

根も呼吸をすることで養水分の吸収をすることができます。コンテナ栽培などで根腐れから植物を枯らしてしまうことがあります。これは水の与えすぎにより土中の空気が不足し、酸欠状態に陥った根が呼吸できなくなるからです。

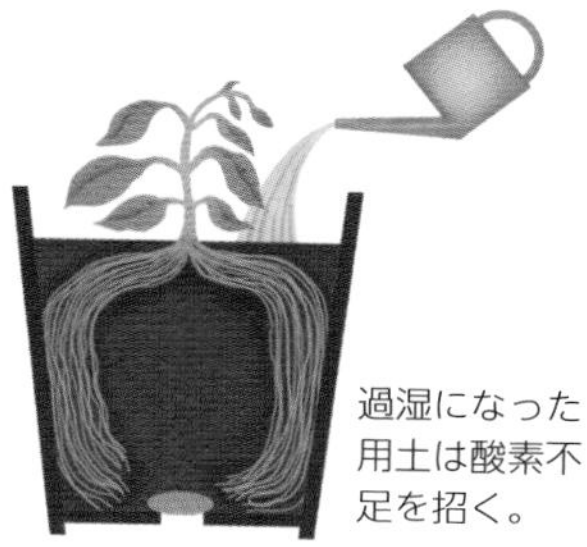

過湿になった用土は酸素不足を招く。

## 根の役割分担

すべての根がからだを支え、養水分の吸収を行っているわけではありません。新しい根、太い根などそれぞれ役割が決められています。

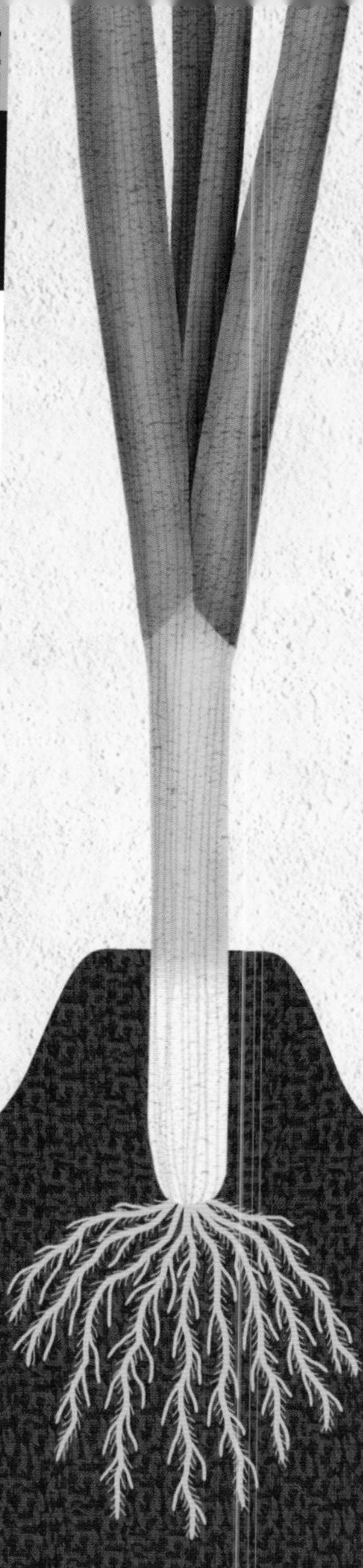

### ひげ根

ネギなどの単子葉の植物では主根はなく、ひげ根と呼ばれるたくさんの細い根がある。

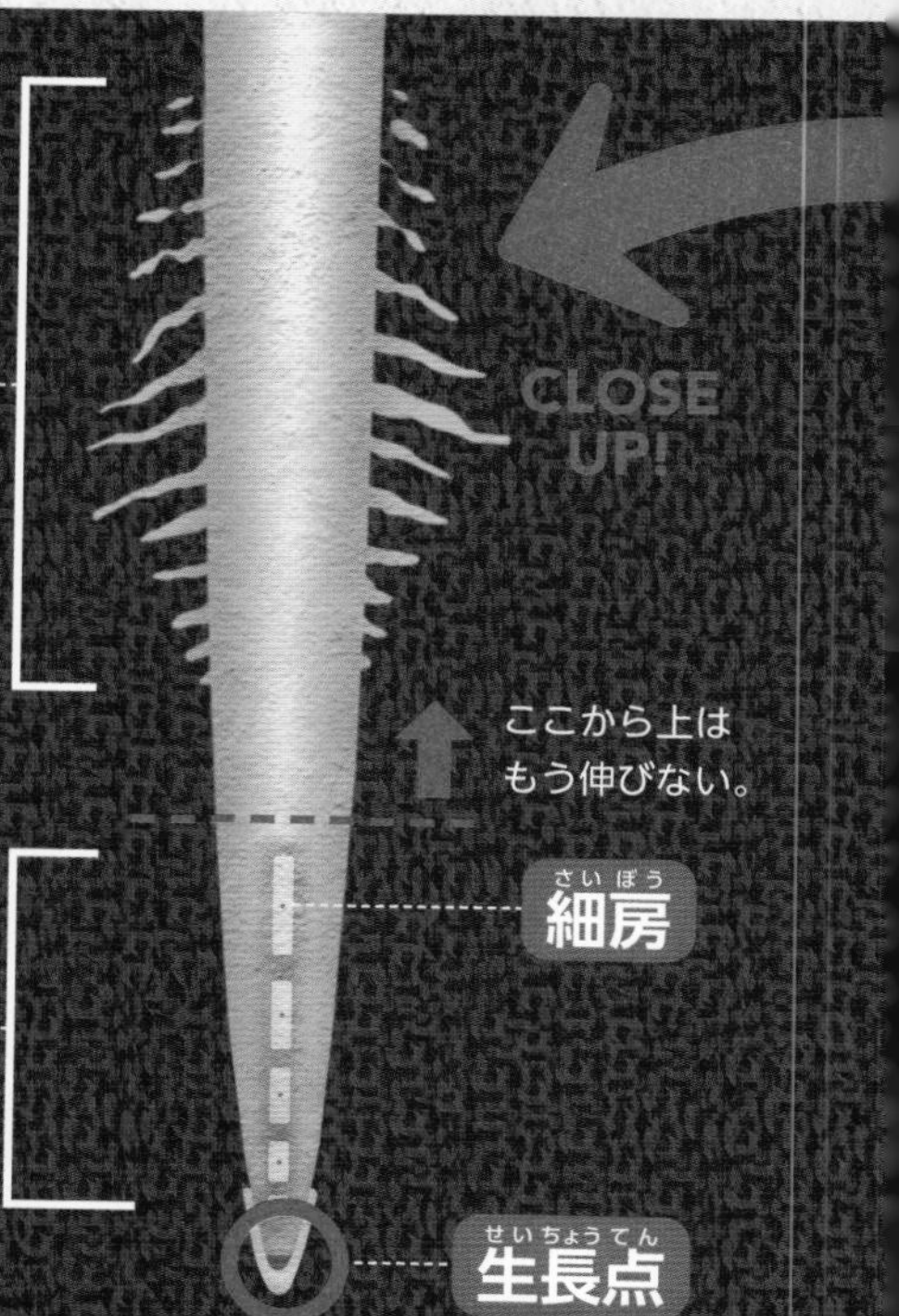


根毛帯、伸長帯は根が伸びるにつれて新しくできていく。

ここから上はもう伸びない。

## 根の生長が止まると吸収機能も衰える

根には養水分を吸収する「根毛帯」と、生長する「伸長帯」と呼ばれる部分があります。伸長帯の先端には「生長点」があり、この部分で根は先へ先へと伸びていきます。植え付けの際などにこの部分を傷めてしまうと伸長が止まり、根毛帯もできないため養水分の吸収が十分にできません。生長に悪影響が出るので、根の扱いには注意が必要です。

# 3 茎のつくりと役割

茎は、根から吸収した養水分や光合成でつくられたでんぷんをからだの各部へ運搬する通路としての役割をはたしています。植物にとって日光は生きていくうえで欠かせません。少しでも茎を伸ばして光を浴びようとするのはこのためです。また、植物が倒れないように、からだを支える大切な役割もになっています。

茎の中には「道管」と呼ばれるパイプが通っていて、土中から吸い上げた水分は、この道管を通ってからだのすみずみまで運ばれます。また、からだでつくられた栄養分を通すための「師管」と呼ばれるパイプもあります。

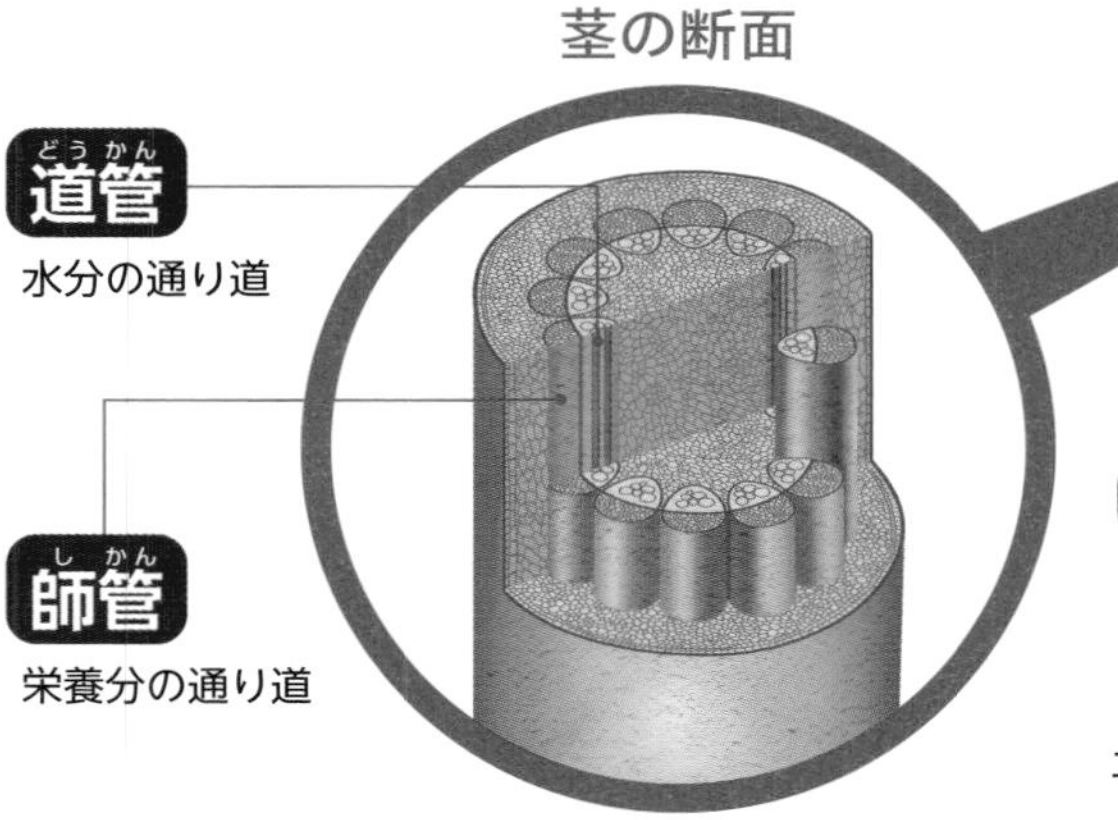


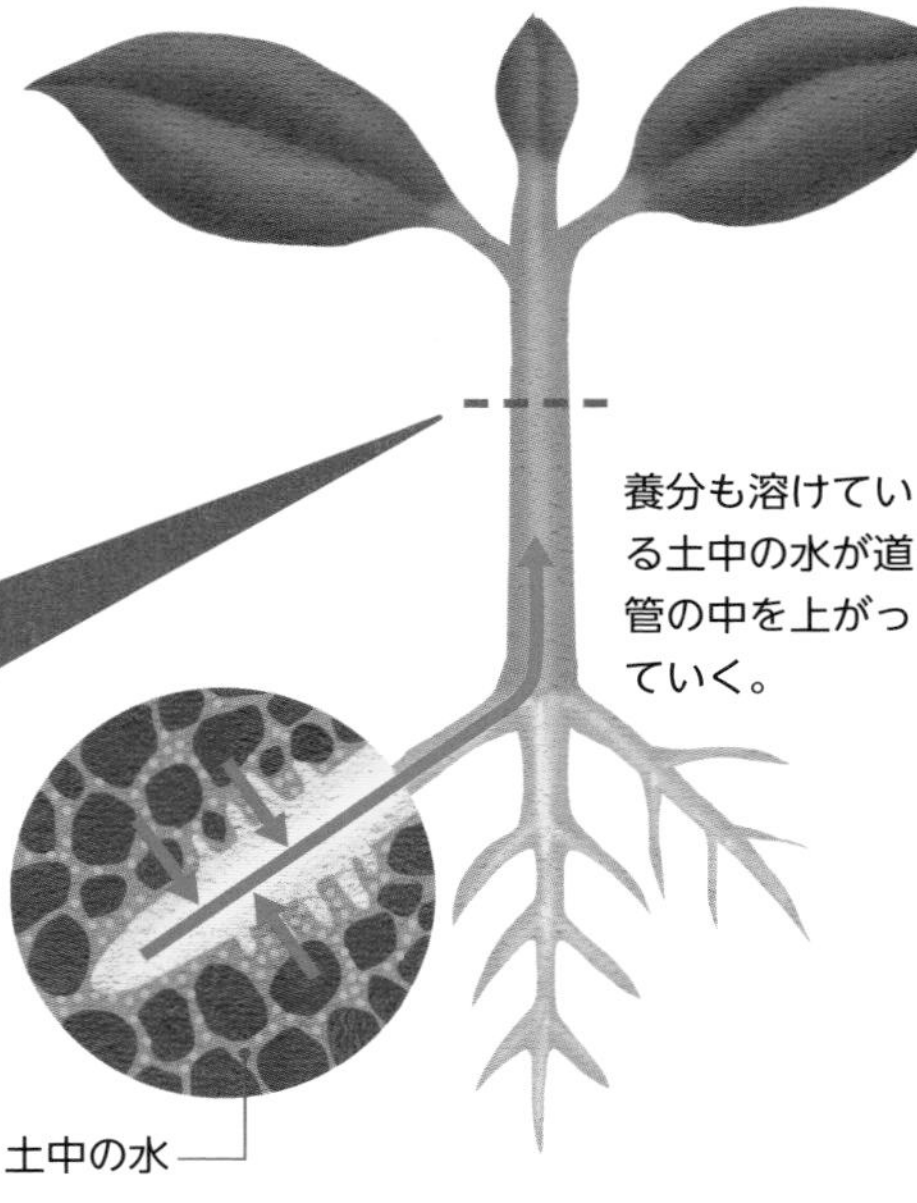


## 茎のいろいろ

つる状になる、地面を這う、地下にあるなど、生育環境に適応して多様な茎があります。

### 匍匐茎

ランナーともいい、地面を這うように長く伸びるつる状の茎

イチゴ

### 巻きつき茎

つるとなって他のものに巻きついて伸びる茎

ヤマイモ

### 地下茎

地中に伸びていく茎

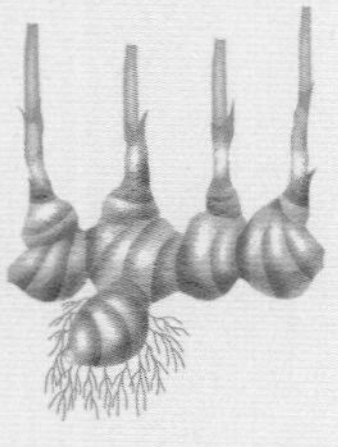

根茎：ショウガ

塊茎：ジャガイモ

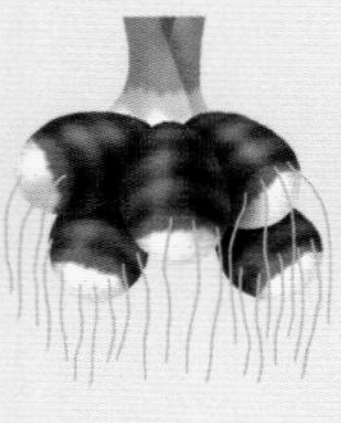

球茎：サトイモ

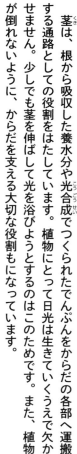

鱗茎：ニンニク

# 4 葉のつくりと役割

植物の葉は養分の製造工場。葉に含まれる葉緑体という部分で、太陽のエネルギーを利用して、水と空気中の二酸化炭素を原料に炭水化物（でんぷん）をつくっています。このとき、余った酸素は空気中に出しますが、この流れを「光合成」と呼びます。

また葉は、エアコンの役割も行っています。暑いときには、強い日差しから身を守るために葉の裏面にあいた気孔という穴から水を蒸発させて温度を下げるなどの調整をしているのです。このはたらきは「蒸散」と呼ばれます。

師管
道管
葉脈
葉身の中を通っている維管束で、水分、養分の通り道になる。
葉緑体
葉の内部にある小さい緑色の球体。栄養分をつくりだす光合成を行う。葉が緑色をしているのは、葉緑体がたくさんあるため。
葉の断面
気孔
葉の裏面にあいた小さな穴。ここで呼吸をし、蒸散作用を行う。

## 光合成を盛んにさせて収量アップ

光合成でできる養分で植物は生活しています。光合成を円滑に行う環境づくりが、病害虫に負けないからだをつくり、収穫物をおいしく、収量もアップさせます。光合成が効果的になされるためには、以下の管理がポイントになります。

葉全体に光が当たるように、日当たりの障害となる枝や葉を除去する整枝、剪定を行う。

水不足になると気孔が閉じて二酸化炭素が不足し、光合成を妨げてしまうので水切れさせないようにする。

窒素肥料を与えすぎると葉が茂りすぎて光合成能力が低下するので、肥料過多にならないようにする。

# 植物のライフサイクルと環境

植物の生育には、発芽から花が咲き、実をつけるなどの一定のパターンがあります。しかし、生長のパターンはどの植物も同じというわけではありません。育てたい植物のライフサイクルや生長のパターンを知っておくことが大切です。

また、植物は太陽の光と水でエネルギー源となるでんぷんを生成し、からだの各部位に送って生長します。この流れをスムーズにするためには、光、風などの自然条件や、根の環境を左右する土壌など、植物を取り巻く環境を整えることが求められます。

## 1 植物の一生

植物にはトマトやキュウリなどの野菜のように、1年でタネを残して次の世代へ命をバトンタッチするものもあれば、樹木のように何年も生き続ける植物もあります。その一生は年数の違い、姿の違いはあっても、基本的にどの植物も同じです。

植物の生育段階には、活動的になる「生長期」と、一時的に休止する「休眠期」があります。

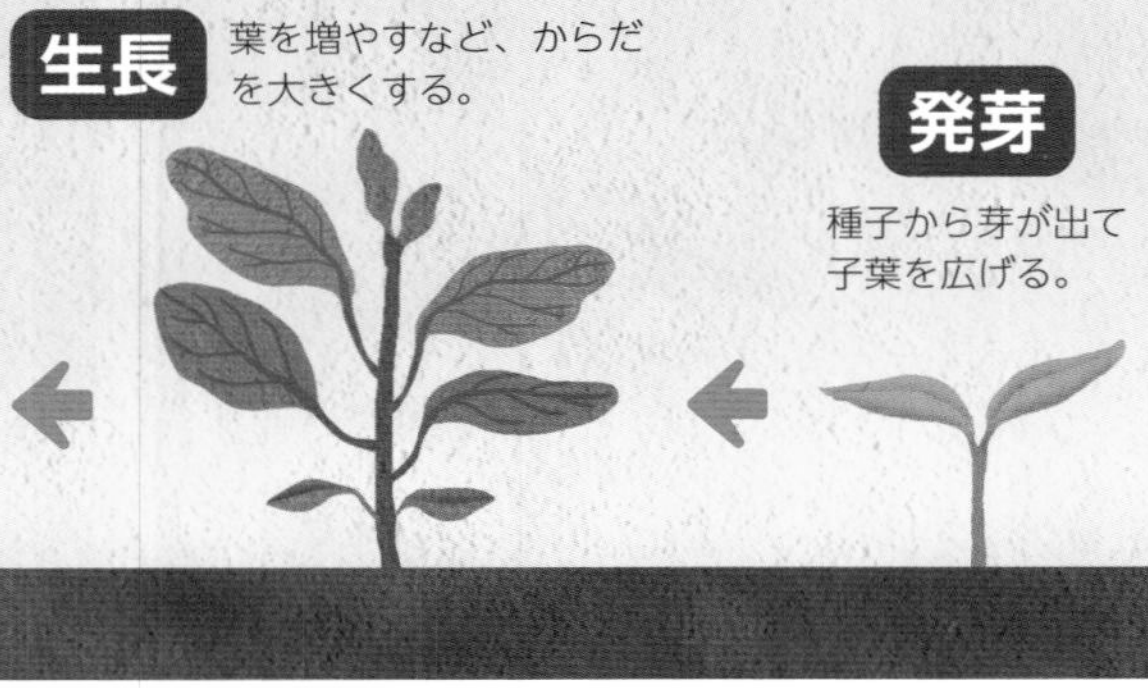

発芽
種子から芽が出て子葉を広げる。
生長
葉を増やすなど、からだを大きくする。

## 2 植物の四季

植物が生長する過程で、気象や土地などの環境はとても重要な役割をはたしています。植物はその気候、環境にあわせて生長、休眠のステージを繰り返して生活しています。

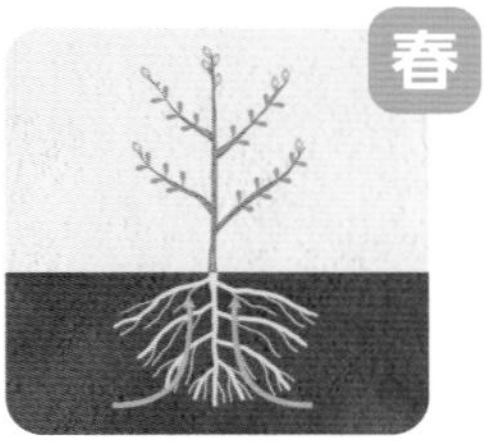


芽吹きが盛んな時期。光合成をするために、枝葉を伸ばし、生長のために必要な養分を土中から吸収する。

暑さで生育の鈍る植物があれば、高温で花芽をつける植物もある。この時期の風は植物によい刺激を与え、間のびしない姿に調整する役目をはたす。

光の量が減り気温も下がることで寒さに弱い植物は休眠準備に入る。夏野菜などはからだは枯死するが、タネを残して次の世代へバトンタッチする。

寒さが増して、じっとがまんをしている状態のものもあれば、寒さにあたることで、花芽をつける植物もある。

### 生長期

タネから発芽し、生長、開花、結実、枯死までの過程です。とくに、発芽から開花までの生長期間は根からの養分吸収が盛んになる時期なので、生育にあわせた栽培管理が必要です。

### 休眠期

夏の暑さ、冬の寒さが苦手な植物があります。そうした苦手な時期を耐えるために、生長を停止する時期が「休眠期」。球根や株の状態で休眠します。

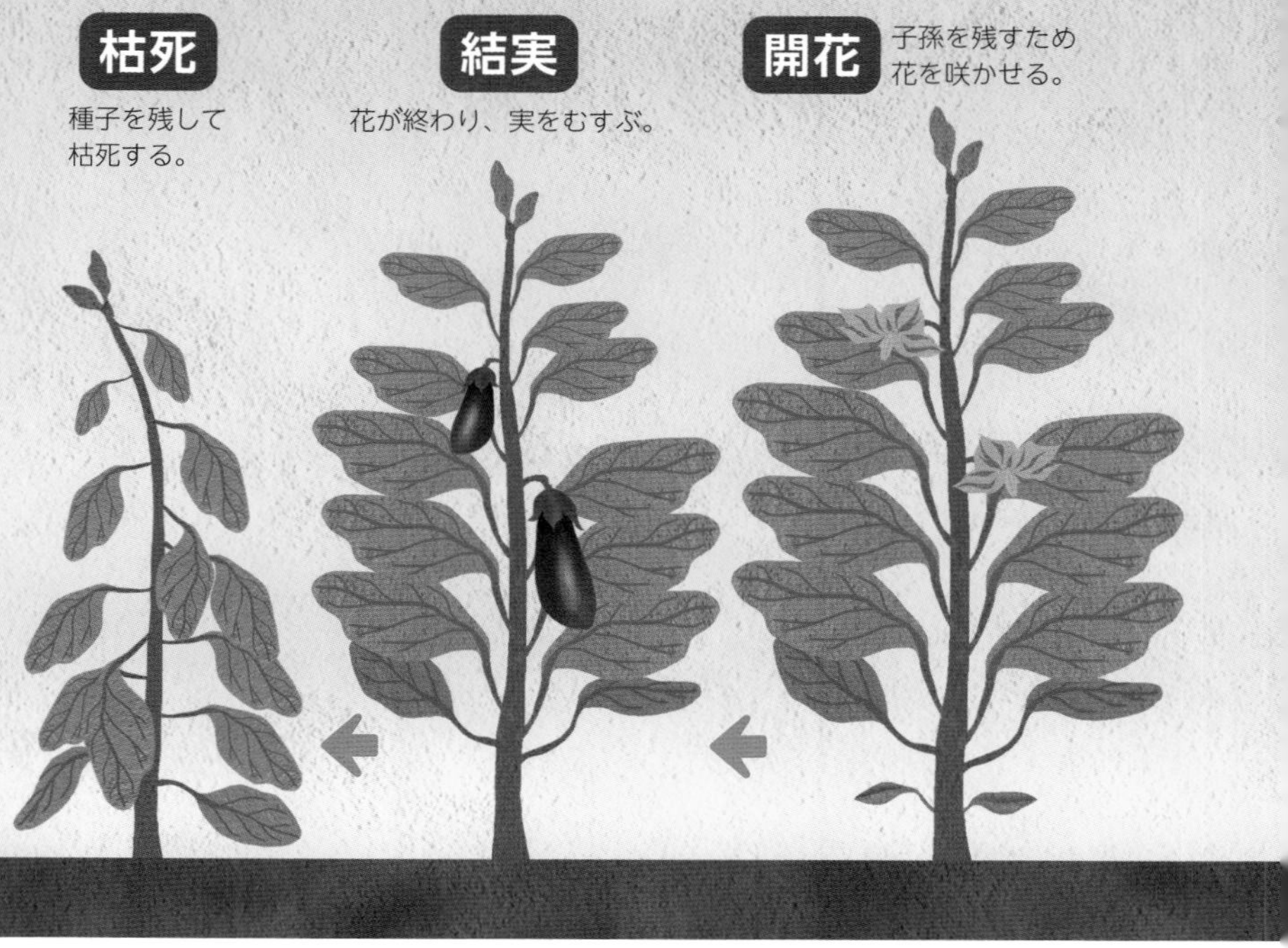
枯死
種子を残して
枯死する。
結実
花が終わり、実をむすぶ。
開花
子孫を残すため
花を咲かせる。

## 3 植物の一日

朝、太陽の光が当たりはじめると、植物は光合成と蒸散作用により温度、湿度を調整し、生成された養分を体内に移動させて1日の活動を終えます。

### 午前

葉や茎などの緑の部分で光合成をして養分（でんぷん）を製造する。そのとき、二酸化炭素を吸収し酸素を排出する。

### 午後

葉で水分を蒸散することで、温度・湿度調節をしながら生成したでんぷんを各部位へ移動してからだづくりをする。

### 夜間

夜露で体の汚れを落としながらからだを冷やし、次の日の活動に備える。

# 4 植物と光

植物が光合成をするためには光が不可欠です。植物は生きていくための養分として、葉で光合成を行い、でんぷんを製造しそれを養分として使用します。また、昼間の光の変化に感応する能力をもっています。1日1日、そして四季によって日長時間は変化します。その日長時間にあわせて発芽、花芽分化を行い、開花、そして結実をすることで作物を収穫することができます。ただ、植物によって光の強弱の好みが違うため、栽培時に光の加減を調整します。

植物によって直射日光を好むもの、苦手とするものがあります。イネやダイコンのように葉を空に向けて伸ばす植物は強光を好む傾向があります。ミツバやサラダナのように葉を水平に広げる植物は弱光を好みますが、強光を浴びると葉やけを起こすこともあります。

## 弱光が好きな野菜

## 強光が好きな野菜

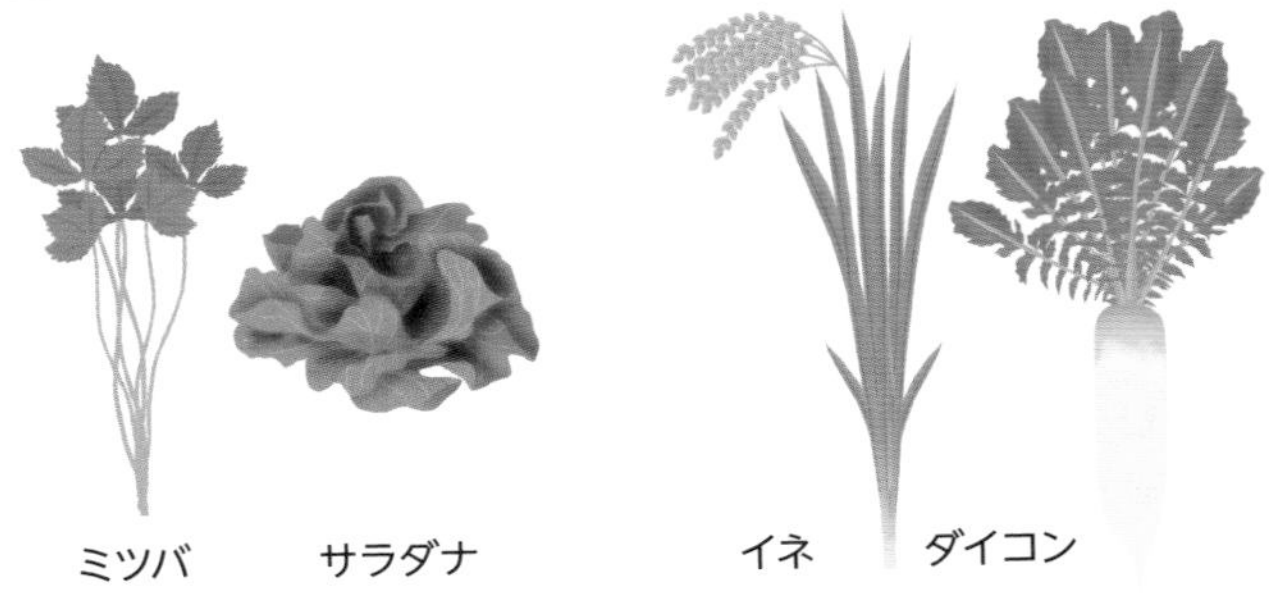


## 生育状況で光の量を加減する

生育状況によって光の量を加減しながら栽培しましょう。

本葉が出て、つぼみがつくころになれば強光で育てる。
双葉が出始めたころの苗は弱い光で育てる。

## 日長と開花の関係

長日植物は春になり、昼が長くなると花を咲かせ、短日植物は夏至を過ぎて日長が短くなると開花します。

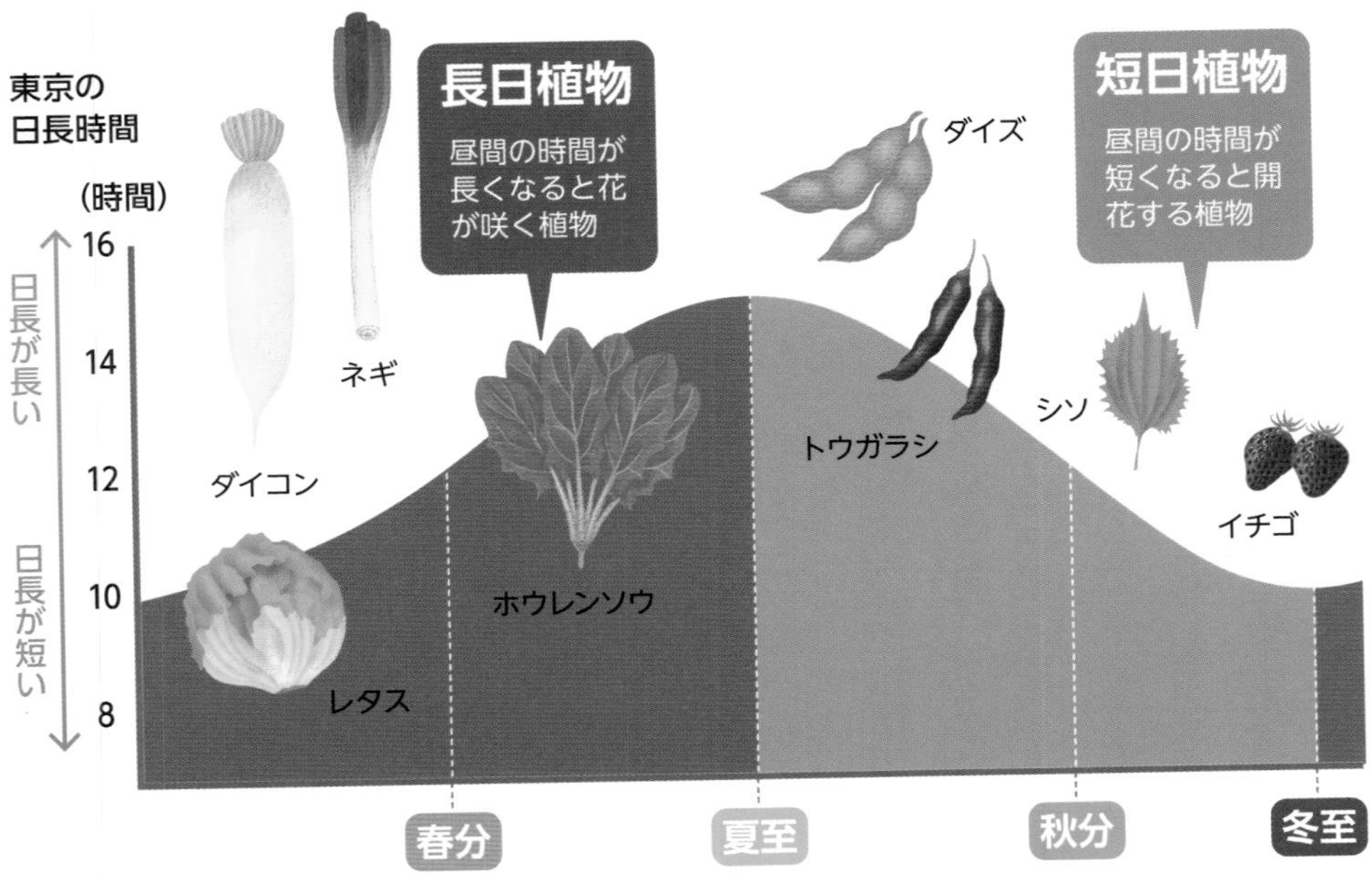

# 5 植物と水

植物のからだのおよそ90％は水でできています。土中にある水を根から吸収し、からだの維持以外に光合成、蒸散作用で使用するため、植物にとって土中の水の有無は生死にかかわります。正しい水やりの方法を覚えて健康に作物を管理しましょう。

## 気温と水の関係

一日でいちばん水を必要とするのは光合成、蒸散作用が行われる日中ですから、植物の水やりは朝に行うのが合理的です。また、夏場は光も強く気温も高くなるため多めの水を必要としますが、冬場は生長も鈍いので水は控えめにします。

このように、植物が必要とする水量は、天気、気温、季節に関係してくるのです。朝の水やりで１日が水不足することなく過ごせるようにするには栽培用土も大切。保水性のある用土に植え付けることを心がけます。

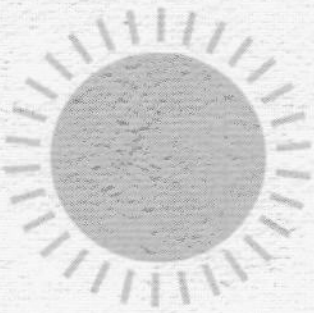

光合成や蒸散作用が盛んに行われる日中に備え、水やりは朝のうちにすます。

腐葉土などの有機物を混入すると団粒化した保水性のある土となる（➡P26）。

## 水やりの回数、量で根の生長場所が違ってくる

植物の根は水を求めて生長していきます。水やりにおいて、少量の水を回数多く与えていると、鉢の表面は水でしめり、鉢の下部は水がなく乾燥ぎみの状態になります。そうした鉢の中の根は鉢の上部、つまり常に湿った部分に繁茂します。

逆にたっぷりの水を、間隔をあけて与えたらどうでしょう。この場合、鉢の上部から徐々に乾いていくため、根は鉢内全体に水を求め伸びていきます。

そうした植物は水や養分を吸収する根も多く、元気に育ち、なおかつ土壌環境も崩れないため、快適な根の生育環境を維持できます。

# 6 植物と風

風が吹くと植物はただ揺れているだけのようですが、適度な風は植物にとって大切な、光合成、蒸散の作用に影響をもたらします。

## 風は光合成を促進させる

光合成は光、水、そして二酸化炭素によって行われますが、風がないと植物が排出した酸素の濃度が高まって、二酸化炭素が不足します。風が吹くことで、二酸化炭素を効率よく補給できるようになり、光合成が促進されます。

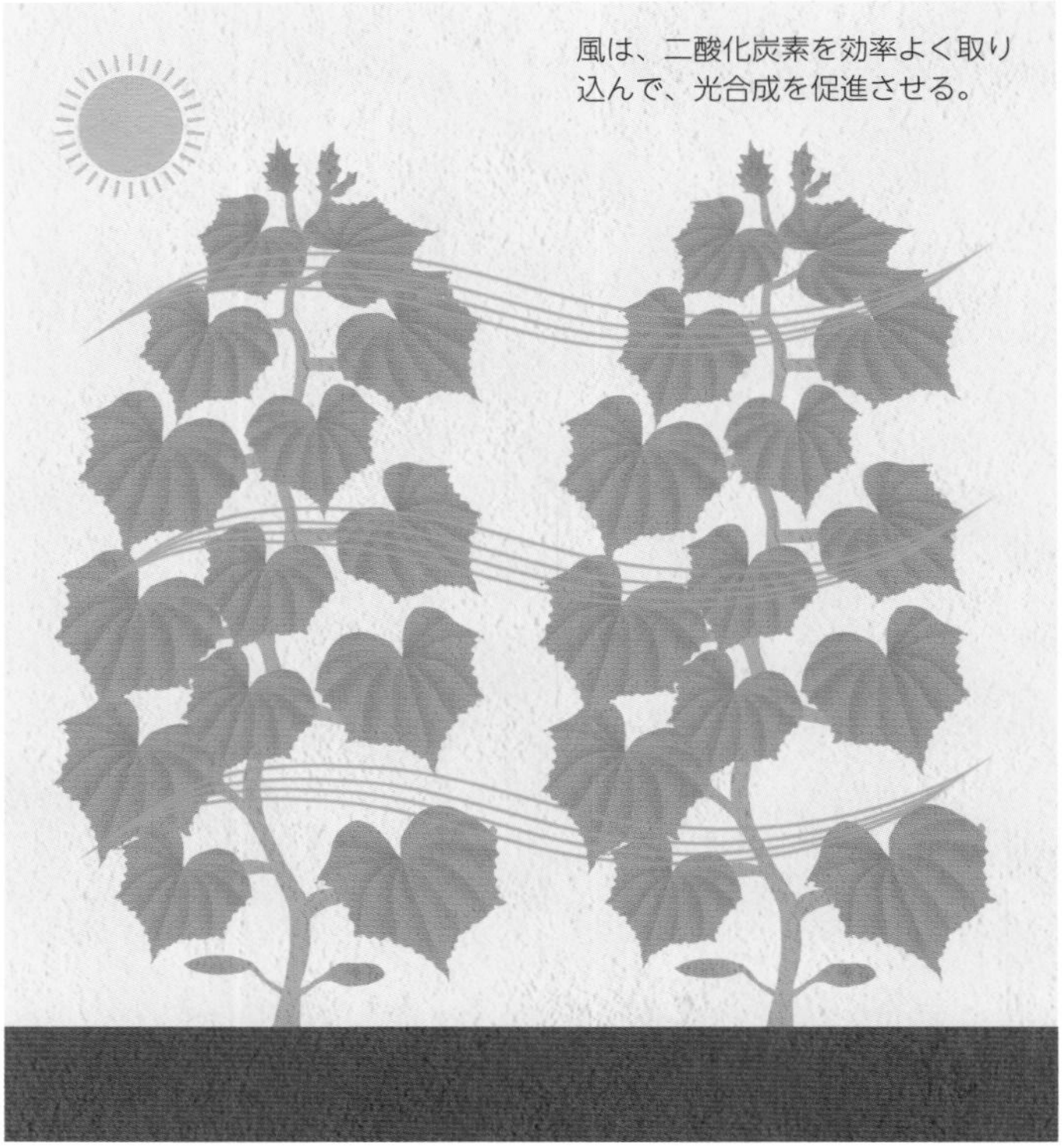

風は、二酸化炭素を効率よく取り込んで、光合成を促進させる。

## 強すぎる風、冬場の風は要注意

台風は強風というだけでなく、塩分を含んだ風雨も葉がしおれたり枯れる原因の一つです。台風後は植物全体に水をかけ、水分補給と塩分を流しましょう。また、冬場の風も乾燥が激しいため、同様の症状を起こすことがあります。

風通しのよい場所では、風よけネットやよしずなどで風を遮断する対策をとりましょう。また、ベランダ栽培の場合、エアコンの室外機前など、風が常に当たる場所は避けましょう。

風よけネットやよしずを設置して、強風や寒風から植物を守る。

# 7 植物と温度

植物によって多少の差はありますが、植物が快適に生育する温度（生育適温）は日中で20～28℃、夜間は15～20℃といわれています。これは、タネが発芽しやすい温度（発芽適温）でもあり、そうした気温の時期にタネまきすると発芽状態がよく、育てやすくなります。

## 冬場の野菜は甘い。そのわけは？

気温が下がると植物の体温も下がってきます。体温が0℃まで下がると、体内の細胞の水分も凍りはじめ氷の結晶をつくります。そうなると細胞は脱水し、組織や細胞膜が破れてしまいます。結晶が溶けて水になっても、破れたものはもとに戻らずに枯れていきます。つまり、冬場の枝枯れは、枝の途中で細胞が凍ってしまい、組織が壊れることから生ずるのです。

寒さに強い野菜が凍霜害になりにくいのはなぜでしょうか。それは、砂糖水がなかなか凍りにくいのと同じで、細胞の糖度をふやして凍らないようにしているからです。ダイコンやホウレンソウなどが、冬場に甘くなるのは凍霜対処のひとつなのです。

土寄せマルチングなどで生育環境を整える。

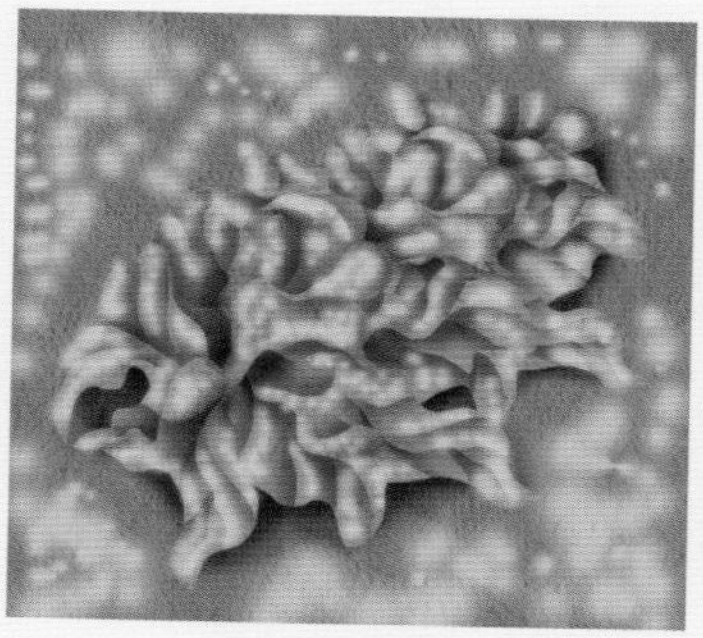

ホウレンソウやダイコンは、細胞の糖度をふやして凍霜害からの被害を防いでいる。

## 高温障害

夏場の高温は、植物の蒸散量に対し、水の供給が間にあわなくなり、枯死してしまうことがあります。とくに夏の西日は大敵。よしずや遮光ネットで対応しましょう。高温障害は地上部だけではなく、土中でも起こります。地温が30℃を超えると根の調子も悪くなり、植物全体に影響が出てしまいます。そうした場合は、マルチング（➡P56）で対処します。

わらや堆肥の有機物マルチや再生紙マルチは、地温の上昇を抑える効果が高い。

# 8 植物と湿度

植物は葉から蒸散をして体のまわりの温度、湿度を調整しています。風が強すぎると湿度が低下し、蒸散が盛んになりすぎ、水分吸収のバランスがとれなくなって葉はしおれ、枯死する場合もあります。

## 蒸散のコントロール

風が強く乾燥している状態が続いている場合や、気温が高く夕方になっても温度が下がらない日などは、余分な蒸散をさせないように葉水をかけるなど、適度な湿度を補充しましょう。

葉水を与えて蒸散を防ぐ。

# 土の章

タネから目覚め、根をおろしたときから、
植物はその場所を一生のすみかとして生きていきます。
そこがどんな土壌であっても移ろうとはしません。
逆に、自分の葉や枯死したからだを土に戻すことで、
ただの土から肥えた土壌へとつくり上げていくのです。
農地や家庭菜園など、私たちが管理のために手を入れる場所は、
自然の循環が失われてしまいがちです。
土づくりは、植物を元気に育てると同時に、
断ち切れてしまった自然の循環を修復することにもつながるのです。

土の基礎知識❶

## 土の種類と性質〈1〉

# 水田の土、畑の土…土にもいろいろな種類があります

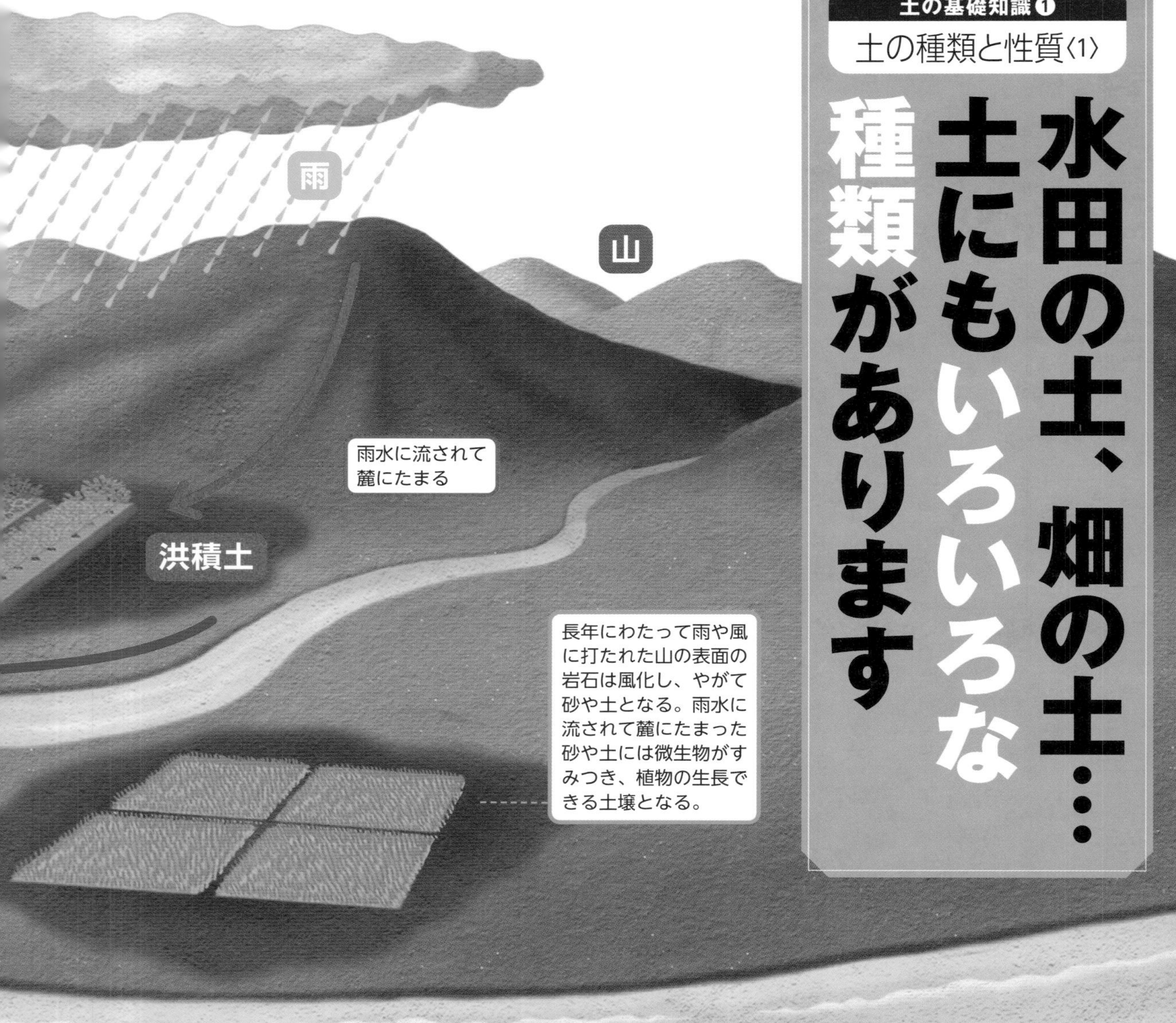

雨
山
雨水に流されて
麓にたまる
洪積土
長年にわたって雨や風に打たれた山の表面の岩石は風化し、やがて砂や土となる。雨水に流されて麓にたまった砂や土には微生物がすみつき、植物の生長できる土壌となる。

「収穫した野菜がおいしい」「花がよく咲く」…などというように、「土＝土壌」は植物の生長の良し悪しを決める大きな条件のひとつと考えられています。そもそも土とはどのようなものでしょうか。どのようにしてできたのでしょうか。

それは、長い地球の営みによってつくられてきました。岩山の表面が雨風に打たれ砕かれて砂や土となり、雨水で流され、風で飛ばされながら麓にたまります。火山付近は火山灰が積もり土に混ざります。この麓にたまった土を「洪積土」といいます。

さらにそこから川水などに流されてたまった土を「沖積土」といい、酸性が強いものの肥沃な土です。この両方の土に微生物など有機物が混ざり、土が少しずつ肥え、野菜など作物を植え込むのに適する土になってきたのです。

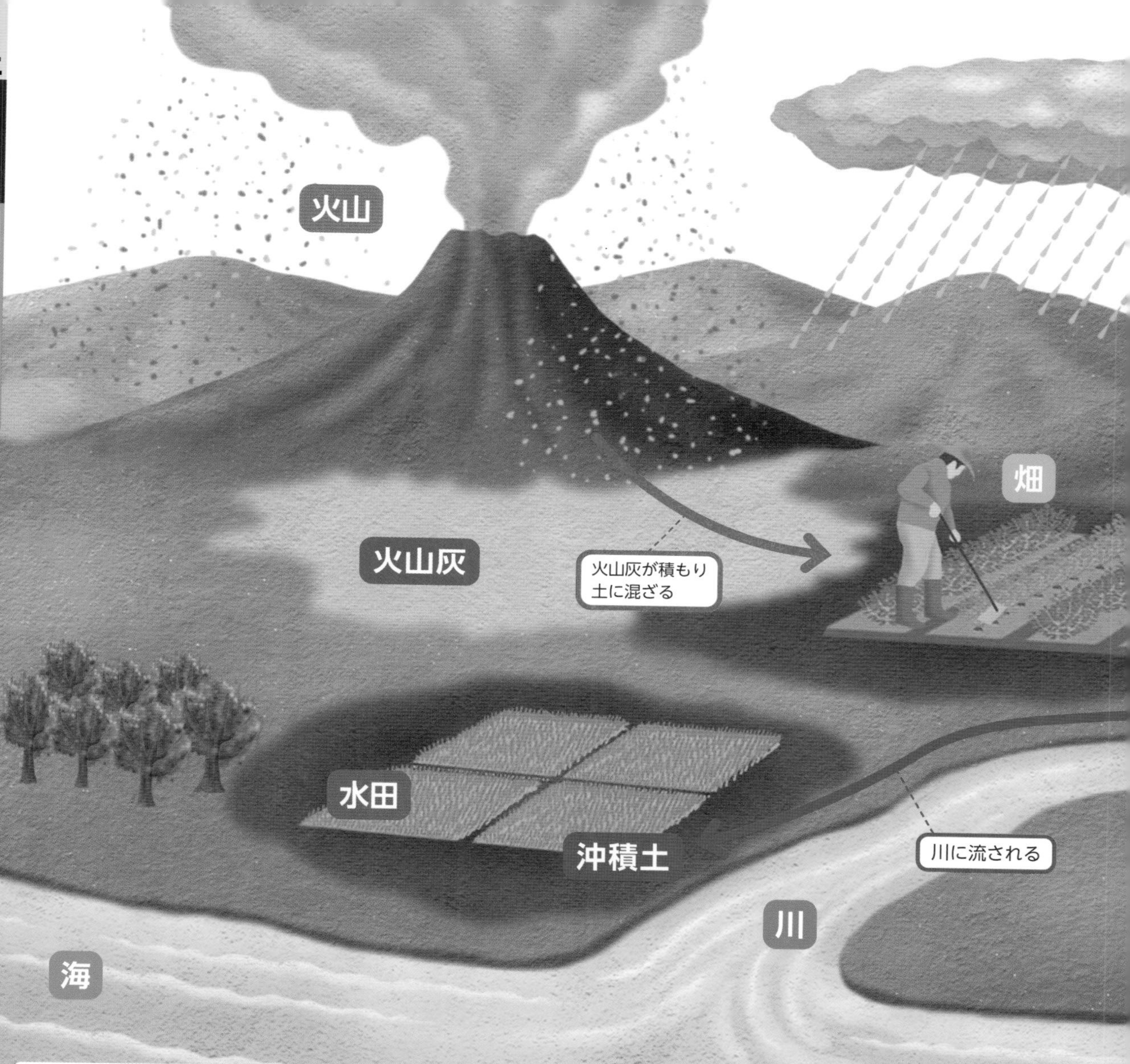


水田に向く

## 沖積土
（低地土）

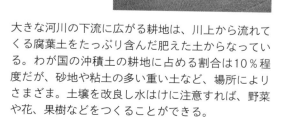

大きな河川の下流に広がる耕地は、川上から流れてくる腐葉土をたっぷり含んだ肥えた土からなっている。わが国の沖積土の耕地に占める割合は10％程度だが、砂地や粘土の多い重い土など、場所によりさまざま。土壌を改良し水はけに注意すれば、野菜や花、果樹などをつくることができる。

畑に向く

## 洪積土

雨や風、流水などに運ばれて積もった土に有機物がたまり、厚い表土をもつ深い土層を形成したもの。黒色の表土には有機物が豊富に含まれ、その下には厚さ数メートルにわたって赤土があり、表面土の保水性と透水性を支え、よい農地を形成している。洪積土は主に赤土と黒土に分けられる。

土の基礎知識❶

土の種類と性質〈2〉

# この土は野菜の栽培に向く土？向かない土？

野菜を育てようと思っても、その土がどんな土なのか、見た目だけではとてもわかりません。野菜にとってよい土とはどんな土なのか、以下の点を満たしているかチェックが必要です。

**物理性**…排水性（水はけ）がよく、保水性（水もち）があり、通気性もよい。

**化学性**…土壌酸度が適度で、保肥力（肥もち）がある。

**生物性**…有機質、微生物が多い。

野菜が健全に育つためには、土の状態がよいことが何よりも大事。

## 1 栽培に適した土

### 土の三相

畑やコンテナの土壌は、固相、液相、気層の3つの相からできています。固相は土の粒や腐葉土などの有機物を含んだ固体部分、液相は固相の間の水や養分の部分、そして、気相は固相の間の空気の部分で、これを「土の三相構造」といいます。

この3相のバランスがうまくとれた状態で、植物は元気に生長できます。2相もしくは1相だけでは健常に生育することはできません。土の種類によってこの3相の割合は変わりますが、そこで栽培する植物の好みの3相にすることが、土づくりの一歩となります。

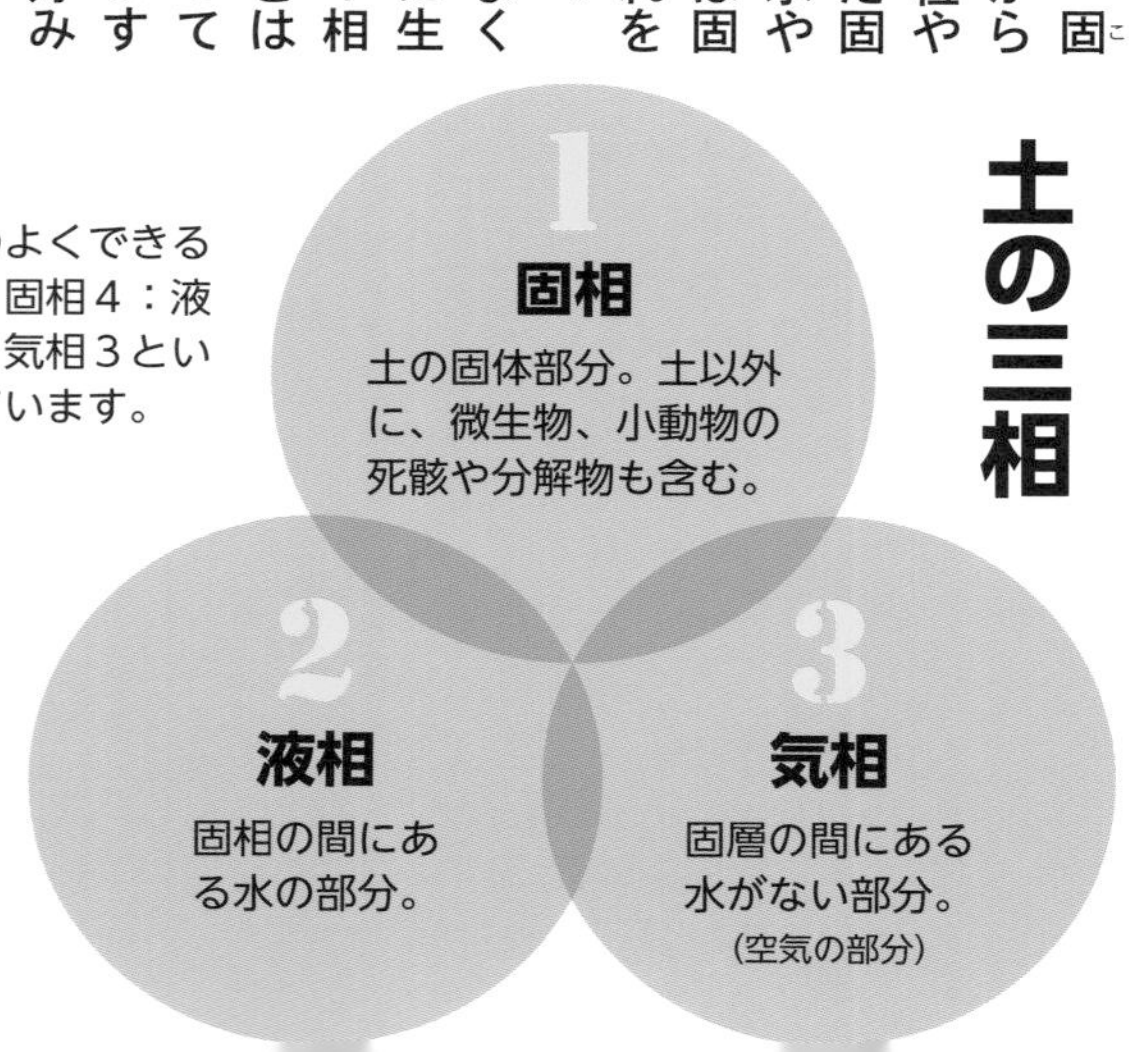
1
固相
土の固体部分。土以外に、微生物、小動物の死骸や分解物も含む。
2
液相
固相の間にある水の部分。
3
気相
固層の間にある水がない部分。
(空気の部分)

野菜のよくできる畑は、固相4：液相3：気相3といわれています。

# 2 土の種類と性質

見た目は同じに見える土でも、それぞれ性質が異なり、植物の栽培に適するもの、適さないものがあります。土に水を混ぜて練り、指先の感覚で実験してみましょう。

栽培に向かない

## 礫土（れきど）

●握っても固まらない。

小石混ざりの土。水を混ぜても固まらない。パラパラ、ボツボツしている。

栽培に向かない

## 砂土（さど）

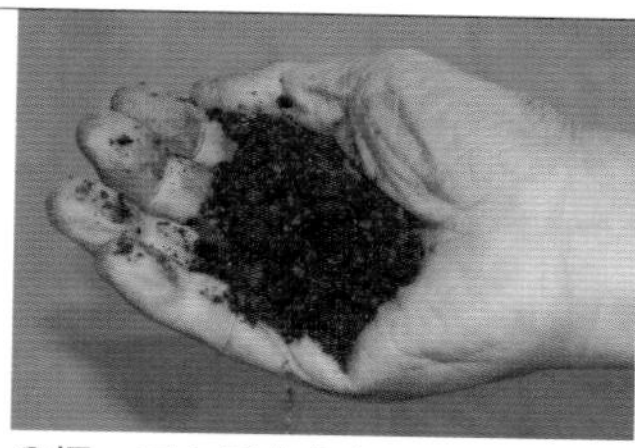

●握っても固まらない。

大半が砂の土。水を混ぜても固まらない。パラパラ、ザラザラしている。

栽培に向かない

## 砂礫土（されきど）

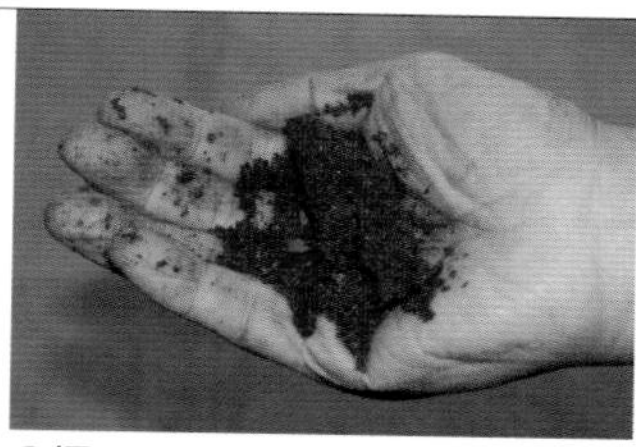

●握ると固まるが、粘りがない。

全体の3分の2以下が砂の土。水を混ぜると固まるが、粘りがなくザラザラしている。

栽培に向く

## 壌土（じょうど）

●粘りがあり箸状に伸びる。

砂が3分の1以下で粘土も混ざった土。粘りもあり、ザラっとするがつるっともしている。

栽培に向く

## 埴壌土（しょくじょうど）

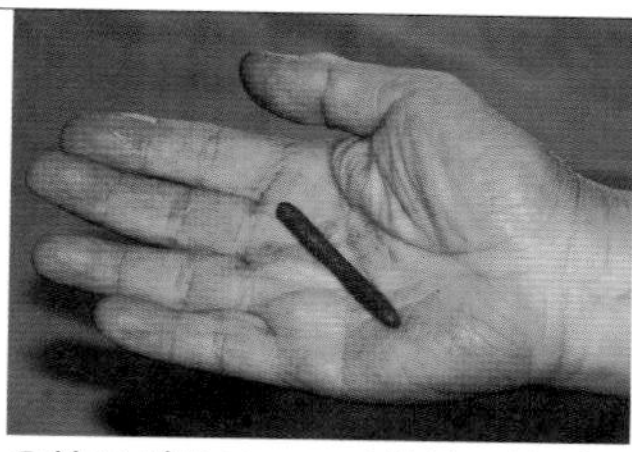

●粘りがありマッチ棒状に伸びる。

粘土に砂がすこし混ざった土。粘りもあり、ザラっともするが、つるっともしている。

改良で栽培に向く

## 埴土（しょくど）

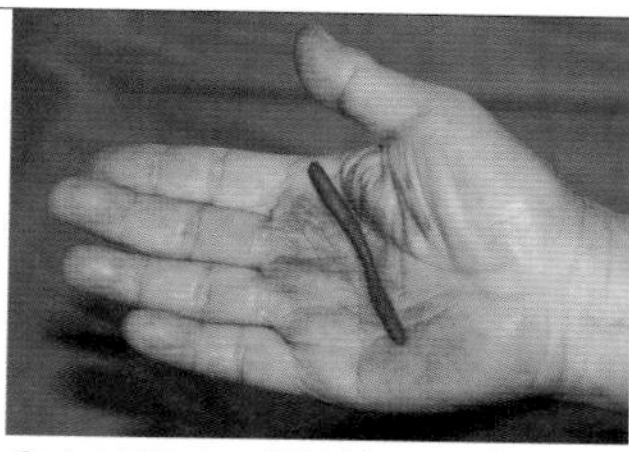

●より細く、楊枝状に伸ばせる。

粘土の土。ザラっとはせず、つるつるしている。

# 土は植物のすみかです よい土とは？

植物が元気に育ち、花を咲かせ、果実をおいしく収穫できるかどうかは土の環境によって決まります。植物にとってすみかともいえる土、植物にとってよい土とは、どんな土をいうのでしょうか。

土は植物が生長するうえで大切な役割をはたしています。まず、植物は土があることで、根が土の塊につかまりながら茎や葉を支えることができます。また、植物は土の粒と粒の間にある空気で呼吸し、土の粒の中や毛細血管のような細い土の隙間に留まっている水、そして水に溶けた養分を根から吸収して生長します。

植物にとってとくに大切な水と空気は、土の中にも十分満たされていなければなりません。土の排水性、通気性を改良するというのは、この土の中の水と空気の割合を常にバランスよく確保することです。

## よい土の条件

### 1 通気性・排水性がよい

植物の根は呼吸をすることで、土中の養水分を吸収する。通気性がよい土なら、根の呼吸がスムーズに行われる。また、通気性がよいということは、排水性もよい状態。排水が悪いと水が多く空気が少ないため、根は窒息状態となり、根腐れを起こしやすくなる。

### 2 保水性がある

植物の生長には水が欠かせない。赤玉土など基本の用土に腐葉土などの有機物が混ざりあうことで、土の粒は保水できる状態になる。根の周辺に水がないときでも、土の粒自体が水を保っていれば、根はその粒から水を吸収でき、水切れを避けられる。

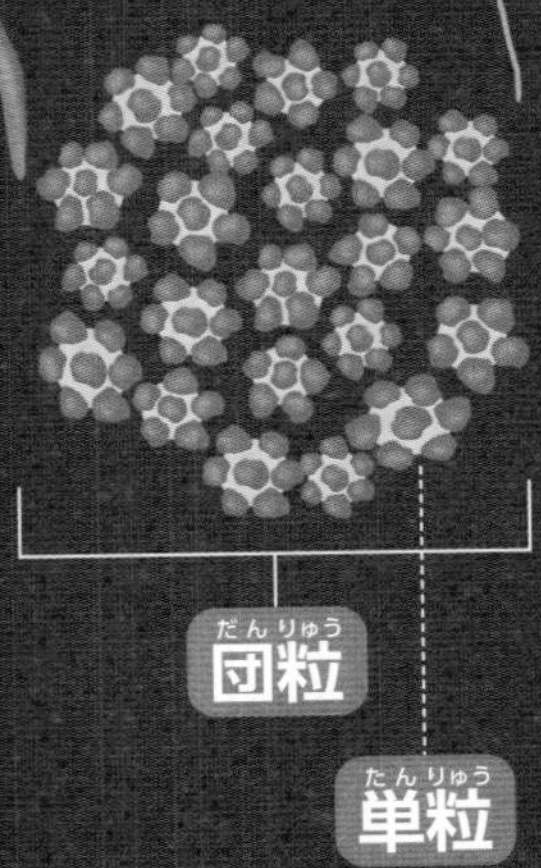


## 団粒構造の土をめざす！

土を顕微鏡で見ると、小さい粒が合体してできたものであることがわかります。この小さい粒を「単粒」、粒が合体した土を「団粒」といいます。

単粒の場合、粒と粒の間の隙

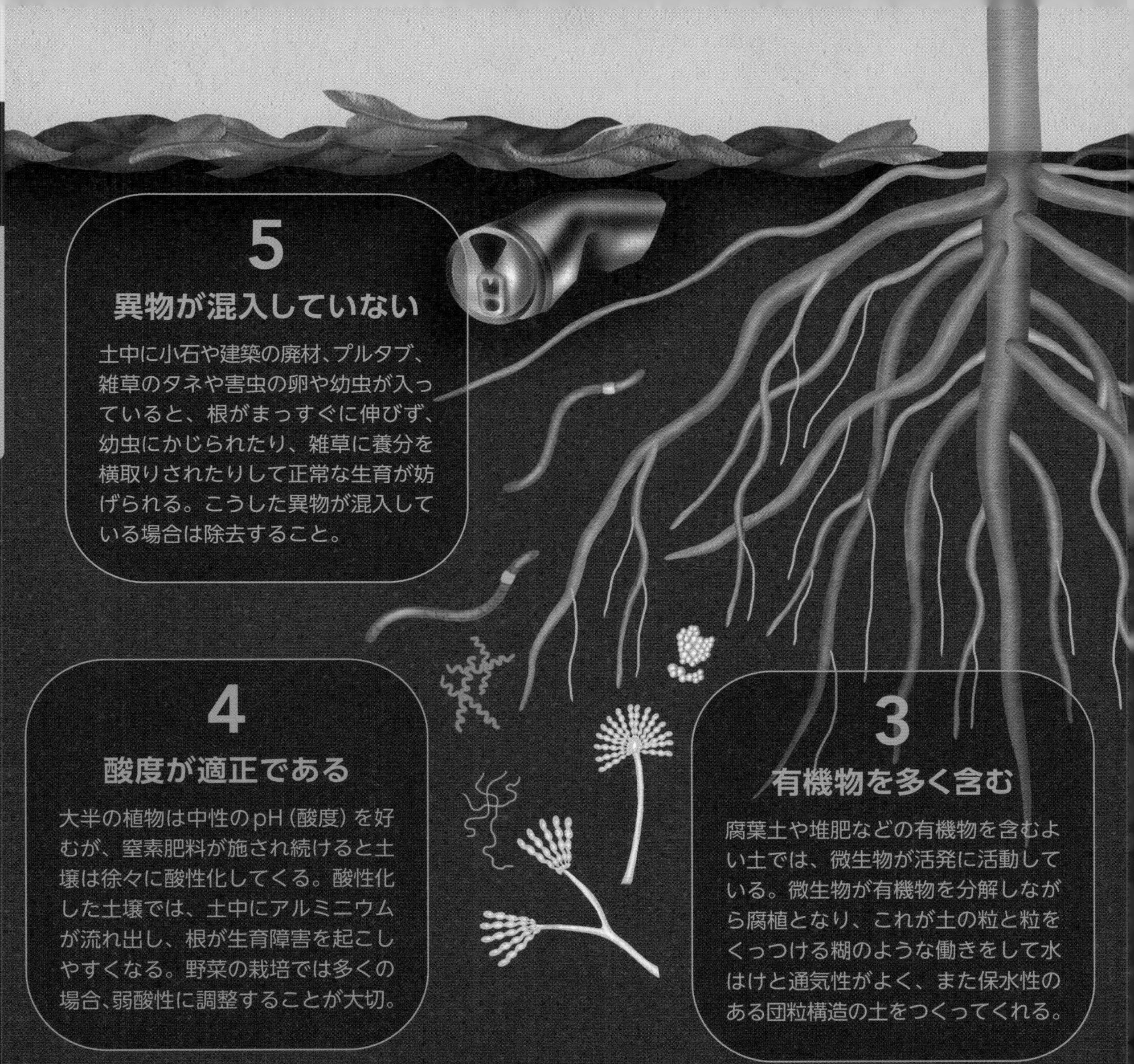

間は小さく、通気、排水が悪い環境になってしまいます。団粒の場合、粒と粒の隙間は大きく、通気、排水がよくなり、かつ土の粒内の隙間に水をためることができる（保水性に富む）土となります。

## 5 異物が混入していない

土中に小石や建築の廃材、プルタブ、雑草のタネや害虫の卵や幼虫が入っていると、根がまっすぐに伸びず、幼虫にかじられたり、雑草に養分を横取りされたりして正常な生育が妨げられる。こうした異物が混入している場合は除去すること。

## 4 酸度が適正である

大半の植物は中性のpH（酸度）を好むが、窒素肥料が施され続けると土壌は徐々に酸性化してくる。酸性化した土壌では、土中にアルミニウムが流れ出し、根が生育障害を起こしやすくなる。野菜の栽培では多くの場合、弱酸性に調整することが大切。

## 3 有機物を多く含む

腐葉土や堆肥などの有機物を含むよい土では、微生物が活発に活動している。微生物が有機物を分解しながら腐植となり、これが土の粒と粒をくっつける糊のような働きをして水はけと通気性がよく、また保水性のある団粒構造の土をつくってくれる。

## 効果 ブレンド土の効果

「野菜には黒土ベース」「ブルーベリーは酸性土のピートモスが入ったもの」などといわれますが、それ以外の培養土でも植え込む作物が好む環境と土の物理性、化学性、生物性のバランスがとれていれば使用できます。

黒土、赤土、鹿沼土など、土を単用で使用することは少なく、土壌環境を整えるためには、数種類の土を混ぜながら生育しやすい土壌にしていくことで、少しずつ植物にとって「よい土」となっていきます。

土の基礎知識❸

## 用土の種類

# 土の特徴をいかして使います

よい畑の土は、手で触るとふかふかの団粒構造をしている。

家庭菜園でも畑でも、植え穴をあけて苗をすぐに植え込むことはできますが、自然のままに植えられた作物が健全に生長するかどうかは保証できません。野菜が健全に育つためには根が十分に育つことが何よりも必要です。そのためには、土の状態が作物の生育に適するものでなくてはなりません。

野菜にとって快適な土環境を実現するためには、いろいろな用土を混ぜて単用の土から植物に適した土壌にしていくことが求められます。植え込む野菜が好む基本となる用土に、土壌環境を改良する用土を何種類か混ぜてつくりあげていきます。この作業が「土づくり」といわれるものですが、その前に、「基本用土」や「改良用土」の種類と特徴について見ておきましょう。

作物づくりには、堆肥などの有機物をたくさん含んだ肥沃な土であることが重要。

用土の限られるコンテナ栽培で、土づくりは重要な課題となる。

# 主な用土の種類と特徴早見一覧

| 分類 | 用土名 | 通気性 | 排水性 | 保水性 | 保肥力 | 頁 |
|---|---|---|---|---|---|---|
| 基本用土 | 1 黒土 | ★★ | ★ | ★★★ | ★★★ | P29 |
| 基本用土 | 2 赤土 | ★ | ✕ | ★★★ | ★★★ | P30 |
| 基本用土 | 3 荒木田土 | ✕ | ✕ | ★★★ | ★★★ | P30 |
| 基本用土 | 4 赤玉土 | ★★★ | ★★★ | ★★ | ★★★ | P30 |
| 基本用土 | 5 鹿沼土 | ★★★ | ★★ | ★★★ | ★★ | P31 |
| 基本用土 | 6 真砂土（山砂） | ★ | ★ | ★★ | ★ | P31 |
| 基本用土 | 7 川砂 | ★★★ | ★★ | ★ | ★ | P31 |
| 基本用土 | 8 桐生砂 | ★★★ | ★★ | ★★ | ★ | P32 |
| 基本用土 | 9 富士砂 | ★★★ | ★★★ | ★★ | ★ | P32 |
| 改良用土 | 10 日向土 | ★★★ | ★★★ | ★ | ★★ | P32 |
| 改良用土 | 11 軽石 | ★★★ | ★★★ | ★★ | ★ | P33 |
| 改良用土 | 12 腐葉土 | ★★★ | ★★★ | ★★ | ★★★ | P33 |
| 改良用土 | 13 ピートモス | ★★★ | ★ | ★★★ | ★★ | P33 |
| 改良用土 | 14 バーク堆肥 | ★★★ | ★★★ | ★★ | ★★ | P33 |
| 改良用土 | 15 牛ふん堆肥 | ★★★ | ★★★ | ★★ | ★★★ | P34 |
| 改良用土 | 16 もみ殻くん炭 | ★★★ | ★★ | ★★ | ★★ | P34 |
| 改良用土 | 17 珪酸塩白土 | ★★ | ★★ | ★★ | ★★★ | P34 |
| 改良用土 | 18 ゼオライト | ★★ | ★★ | ★★ | ★★★ | P34 |
| 改良用土 | 19 バーミキュライト | ★★ | ★★ | ★★★ | ★★★ | P34 |
| 改良用土 | 20 パーライト | ★★★ | ★★★ | ★ | ★ | P34 |
| その他の用土 | 21 ケト土 | ★ | ✕ | ★★★ | ★★★ | P35 |
| その他の用土 | 22 発泡煉石 | ★★★ | ★★ | ★ | ★ | P35 |
| その他の用土 | 23 水ゴケ | ★★★ | ★ | ★★★ | ★★ | P35 |
| その他の用土 | 24 バーク | ★★★ | ★★ | ★★ | ★★ | P35 |
| その他の用土 | 25 室内園芸用用土 | ★★ | ★★ | ★★ | ★ | P35 |
| その他の用土 | 26 ヤシの実チップ | ★★ | ★★ | ★★ | ★★ | P35 |

★★★＝非常によい　★★＝よい　★＝少しある　✕＝悪い

## 1 基本用土

植物栽培の基本となる土で、主に赤土や黒土、赤玉土、鹿沼土などの火山灰土です。畑では土壌の性質を変えたり、補充する目的で使用します。これらの用土は単独で使うことは少なく、基本用土の欠点を補う改良用土を用途に合わせて配合して使用します。

## 黒土（くろつち）　基本用土―1

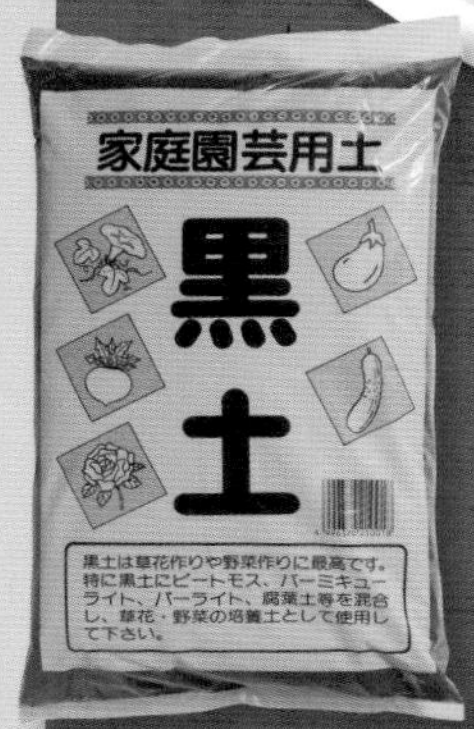


別名を黒ボクといい、関東地方に分布する関東ローム層の表層の土。有機質を含んでいるため、黒く見えます。軽くて軟らかく、保水性はよいものの保肥性にばらつきがあるため土壌の酸度調整（⇒P48）が必要となる場合もあります。通気性、排水性が劣るので、コンテナでの単用使用には向きません。主に家庭菜園などの畑の土として使用します。黒色が強いものほど団粒化しているので、濃い黒色のものを選ぶようにします。

## 基本用土―2 赤土

あかつち

黒土の下層部にある赤褐色をした粘土質の火山灰土。黒土の層に近い部分は腐植を含んで黒みがかり、その下が軟らかめの赤土、その下の層は硬い赤土になっています。保肥性が弱く弱酸性で通気性に欠けるため、団粒化した赤玉土として流通しています。赤土として単用で使用することはほとんどなく、畑や花壇の場合、物理性を改善するための土壌調整用土を混ぜて使用し、コンテナでは赤玉土となったものを使用します。

## 基本用土―3 荒木田土

あらきだつち

水田の下層土や河川の堆積土。水田や河川から採取したばかりのものは重く、排水性、通気性がよくありませんが、一度乾燥させて、ふるいを通した土は排水性、通気性が改善されて使いやすくなります。保水性、保肥性があるので植物は育ちますが、排水性が悪く固まりやすいため、腐葉土やバーク堆肥、ピートモスなどを混ぜて調整して使用します。ただし、スイレンやハスなど水生植物の栽培では混ぜずに単品で使用します。

## 基本用土―4 赤玉土

あかだまつち

赤玉土大粒

赤玉土中粒

赤玉土小粒

赤土を乾燥させ、粒状にした土。通気性、排水性に優れ、保水性、保肥性もあるので基本用土として利用されます。粒の大きさによって、大粒、中粒、小粒がありますが、栽培する植物、コンテナの大きさなどによって　粒の大きさを変えて使用します。多くの場合、腐葉土などの調整用土と混ぜて使用します。袋入りの商品を購入する際は、袋内に微塵（粉）が多いものは避けます。微塵が多い場合は、使用する前に赤玉土をふるいにかけ、微塵を落としてから使います。

## 鹿沼土
かぬまつち

基本用土—5

栃木県鹿沼市近辺で産出する火山性砂礫が風化した軽石状の黄土。肥料成分をほとんど含まない酸性土で、通気性、保水性に優れます。水はけを好む植物には単用で使用しますが、土壌環境の排水、保水性を高める調整用土として、赤玉土などと混ぜて使います。ただし、酸性度が他の用土にくらべて高いため、酸性土を嫌う植物には使いません。購入の際はできるだけ微塵が少ないものを選び、ふるいをかけて微塵を落としてから使います。

## 真砂土
まさど（山砂）

基本用土—6

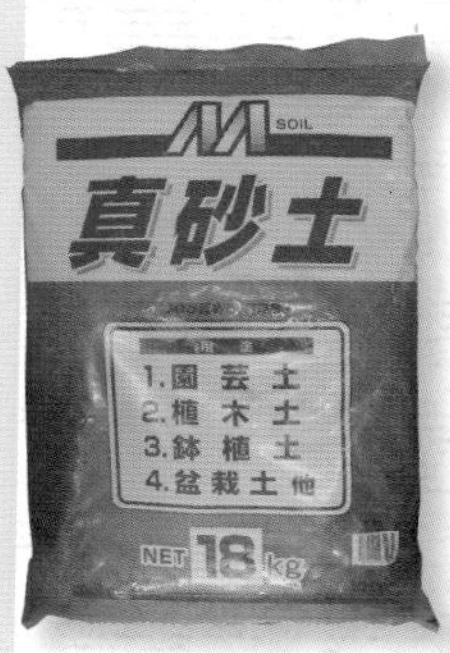


別名を山砂ともいい、花崗岩が風化した土。関西地方以西で使用されます。粘土質で保水性はありますが、通気が悪く重いので、腐葉土、赤玉土などとブレンドして用います。芝生の目土とし使用する場合には単用で用います。弱酸性なので、石灰類やもみ殻くん炭で酸度を調整します。

## 川砂
かわすな

基本用土—7

川底から採取した砂。花崗岩から生じた白色の天神川砂などがあります。通気はよいものの保水性、保肥性はないので、赤玉土など粘土質で通気性の悪い土の改良用土としても多く使われ、サボテンや多肉植物などの用土をつくる際には川砂を混ぜてつくります。ちなみに、公園や学校の砂場では、川砂だけを使用しています。

# 2 改良用土

改良用土は基本用土の欠点を補うための用土で、腐葉土や堆肥、ピートモスなどの有機物と、パーライトやバーミキュライト、軽石などの無機物があり、基本用土に混入して通気性や排水性などを改善します。とくに有機物は土中の微生物を活性化して土を肥沃にする作用もあります。

## 改良用土—10 日向土

ひゅうがつち

宮崎大地の下層土を天日干しした黄褐色で多孔質の軽石。軽量で、通気性、排水性に富みますが、保水性は赤玉土などにくらべて劣ります。オモトやシンビジュウムなどラン類の用土として使用します。粒の大きさによって細粒、小粒、中粒、大粒に袋分けされているので、赤玉土などと混ぜて使用する際は、用土と粒の大きさをそろえて選ぶとよいでしょう。大粒は鉢底石としても使用されます。

## 基本用土—8 桐生砂

きりゅうずな

群馬県桐生市付近で産出する火山砂礫からできた土。粒は大小あり、大きさごとに分類されたもの、混合されたものがあります。通気性、保水性があり、大半は改良用土として赤玉土などと混ぜ、盆栽用土として用いられます。オモト、東洋ラン、観音竹などでは、植え込み用土として単用で使用します。

## 基本用土—9 富士砂

ふじずな

富士山近辺で産出する火山砂礫で、多孔質だが重い土。黒色、赤色がありますが、黒色のほうが品質がよいとされます。改良用土として使用するほか、化粧砂としても使われます。粒が小さくなるほど保水性が高くなり、盆栽、山野草の植え込み用土として、他の用土と混ぜて使用します。

## 改良用土―12 腐葉土

ふようど

広葉樹の落ち葉を腐熟させた改良用土。通気性や排水性、保肥性に富み、微量要素も含まれています。微生物の働きを活性化させて土質を改良させるため、大半の用土と混ぜて使用します。葉の形がない程度まで熟成（完熟）したものを選ぶことが大切です。マツなどの針葉樹の葉が入っているものは分解しにくいのでよくありません。未熟な腐葉土を使うと土の中で発酵し、根を傷める原因になります。

## 改良用土―11 軽石

かるいし

火山砕屑物の一種で多孔質の砂礫。軽量で硬く、通気性、排水性に富み、保水性もあります。粒の大きさが分かれており、小粒は他の用土と混ぜ、ラン類の植え込み用土として使用し、大粒は鉢底石として使用します。ガラスのリサイクルなど、人工的な軽石も流通しています。

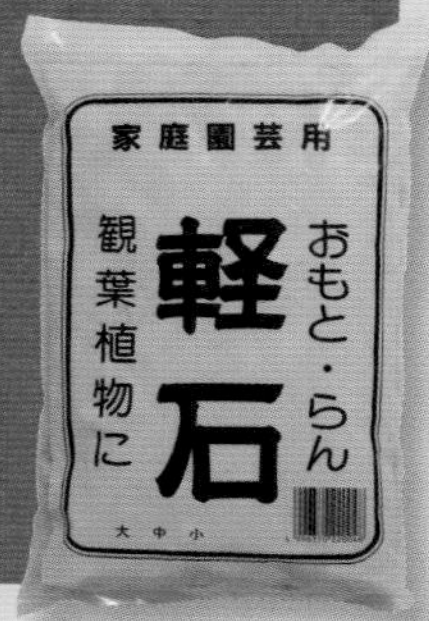


## 改良用土―14 バーク堆肥

バークチップを発酵させた土。微量の肥料分を含むものの生育に必要される量は含まれていないため、肥料は別途施す必要があります。通気性、保水性があり、大半は他の用土に混ぜて使用します。樹皮を１年以上発酵させたものが扱いやすいですが、近年、未熟な商品や樹木の枝を粉砕して発酵させたものをバーク堆肥として販売しているのを見かけます。これらは本来のバーク堆肥ではないので注意が必要です。

## 改良用土―13 ピートモス

湿地に堆積したミズゴケが腐熟した土。無菌なので室内園芸の使用にも適します。腐葉土と性質が似ていますが、通気性、保水性はよいものの酸性が強く、微生物を活性化する力はあまり強くありません。酸性が強いため、酸度調整ずみの商品も出回っています。乾燥すると水をはじくので、使用する際はバケツなどにピートモスを入れ、その上から水を入れてよくもみながら水になじませるようにします。

改良用土―15

## 牛(ぎゅう)ふん堆(たい)肥(ひ)

牛ふんや樹皮を積み重ねて発酵させた土。保水性、排水性、通気性に富み、微生物を多く含むため、土壌改良に役立ちます。微量の肥料分を含んでいますが、生育には十分でないので別に肥料を施すとよいでしょう。市販のものには未熟なものがあるので、色が濃くさらさらしたものを選びます。乾燥牛ふん堆肥には、発酵処理がされていないものがあり、においが出ます。

改良用土―16

## もみ殻(がら)くん炭(すみ)

もみ殻を蒸し焼きして炭化させた土。通気性、保水性に富み、水の浄化や土中の消臭にも役立ちます。また、微生物の活動を促す効果もあります。炭化させているためpH8前後の強アルカリ性なので、酸性をアルカリ性に酸度調整する際に使用します。アルカリ性がけっこう強いので、用土へ混ぜる量は土全体の10％以内にとどめるようにします。

改良用土―17

## 珪(けい)酸(さん)塩(えん)白(はく)土(ど)

秋田県で採掘された天然の粘土鉱物。保肥力が強く、土中の余分な肥料分や石灰分などを吸着し、必要なときに手放してくれます。微生物の活動も活発化し、土壌改良に役立ちます。水耕栽培の際に使用すると、根腐れ防止、水の浄化効果もあります。通気性、排水性を改良してｐＨも調整します。また、ミネラルも含むことから、家畜のミネラル補給に用いられます。

改良用土―18

## ゼオライト

火山岩が凝固した多孔質の石。用土に混ぜると、通気性、排水性はよくなりますが、保肥力が強すぎて吸着した肥料成分を放出しにくい性質があります。改良資材として土壌に混ぜる場合は過剰に使用せず、用土全体の５％以下の量を目安に混合するようにします。また、水耕栽培（ハイドロカルチャー）の際に根腐れ防止剤として使用します。

改良用土―19

## バーミキュライト

ひる石を焼成し膨張させた土。軽くて、通気性、保水性、保肥性に富んでいます。ほとんど無菌状態なので、挿し木や種まきなどの用土として単体もしくは赤玉土やピートモスと混ぜて使用します。土壌改良用土として、使用する際に重い土と混ぜると形状の蛇腹が壊れて多湿になりやすく、根腐れの原因になるので、混ぜる量は用土全体の20％前後にしましょう。

改良用土―20

## パーライト、ビーナスライト

※写真はパーライト

真珠岩、黒曜石を高温高圧で焼成し多孔質にした人工土で、パーライトは真珠岩、ビーナスライトは黒曜石を処理したもの。多孔質なので、軽量で通気性、排水性はよいですが、保水性に欠けます。屋上緑化など土壌を軽量化する際に用いられ、ビーナスライトは土壌の通気性、排水性の向上を目的に、また、パーライトは排水性の調整を目的に使い分けます。

# 3 その他の用土

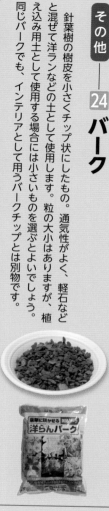

基本用土、改良用土以外にも、盆栽用のケト土、洋ランなどの着生植物を植え込むとき、軽石等に混ぜて使用したり、マルチング材料として使用するバーク、水耕栽培用の発泡煉石（ハイドロボール）などがあります。根と養分のやりとりをする必要のない土ともいえます。

### その他―21 ケト土

湿地のヨシ、マコモが堆積して分解しかかった土。粘りのある黒い土で、保水性、保肥性があります。乾くとかちかちになってしまうので、盆栽や山野草の石付け用に用います。また、他の用土と混合して苔玉に使用します。

### その他―22 発泡煉石

粘土玉を1000℃以上の熱で焼成発泡させた土で、ハイドロボールともいいます。発泡させた粒なので気泡が多数あり、根が呼吸するための空気も確保されます。通気性、排水性がある反面、保水性があるため、水耕栽培（ハイドロカルチャー）の用土として使用します。

### その他―23 水ゴケ

湿地帯のミズゴケを乾燥させたもの。軽くて通気性があり、保水性にたいへん優れます。繊維が長く、ふわふわしているものを求めるとよいでしょう。使用時は30分以上水に浸してもみ、水を絞ってから使います。洋ランの植え込み用土として利用されます。

### その他―24 バーク

針葉樹の樹皮を小さくチップ状にしたもの。通気性がよく、軽石などと混ぜて洋ランなどの土として使用します。粒の大小はありますが、植え込み用土として使用する場合には小さいものを選ぶとよいでしょう。同じバークでも、インテリアとして用うバークチップとは別物です。

### その他―25 室内園芸用土

粘土を練りあわせ焼成し、顆粒状にした土。ドイツで室内園芸用に開発されました。無菌、無臭で通気性があり、軽量で小粒なため保水性に富みます。観葉植物などの植え込みや水耕栽培で使用します。

### その他―26 ヤシの実チップ

ヤシの実のスポンジ状繊維質部分を特殊加工し、水を吸収できる状態にしたもの。大中小あり、大きいものは庭やコンテナなどのマルチングチップに、小さいものは通気性を高めたいときに用土に混ぜて用います。また、繊維状のものは畑などのマルチング材として夏の地温抑制、乾燥防止に役立ちます。苗の撤去時に土壌にすき込むと、土壌改良としての効果もあります。

土づくり❶

堆肥の種類と使い方〈1〉

# 土づくりには〝堆肥〟が不可欠です

　堆肥は落ち葉などの有機物を微生物の力で分解・発酵させたもので、土づくりに欠かすことのできない土壌改良資材です。自然界の野山では落ち葉や枯草は微生物や小動物に分解され、養分を蓄えた腐植となって土に還ります。そして、その上に次の生長が始まるという循環を繰り返しています。

　しかし、畑や花壇、プランターでは循環が難しく、私たちの手で有機物を投入しなくてはなりません。そこで、堆肥という有機物を投入し土壌環境を整えてやる必要があります。

## 1 堆肥の種類

　堆肥には、鶏ふんや牛ふんなどの栄養分が含まれた「栄養堆肥」と、落ち葉などからできた土壌改良として使用する「植物系堆肥」があります。

### 肥料成分を含む 栄養堆肥

　家畜のふんや食品残さなどでできた栄養分を含んだ堆肥です。全体的に窒素成分が多いため、この堆肥を施した場合は、他の肥料は控えめにします。繊維質が少ないため、腐植を増やしますが、団粒構造のための土壌改良には不向きです。

### 土壌改良のための 植物系堆肥

　落ち葉やわら、もみ殻、バークなど窒素成分が少なく、繊維質の多い植物系の堆肥。主に土の通気性や排水性を改善することを目的に使用されます。肥料成分が少ないため、栽培にあたっては、肥効の高い肥料を別に施す必要があります。

堆肥の種類もいろいろ。使用する目的にあわせて選ぶことが大切。

トマト

トマトやナス、トウモロコシ、ハクサイなどの生育期間が長く、草丈が大きくなる植物に向く。

ナス

**栄養効果は高い**
（改良効果は低い）

ニンジン

コマツナやニンジン、ホウレンソウなどの草丈が低く、生育が短い植物に向く。

コマツナ

**改良効果は高い**
（栄養効果は低い）

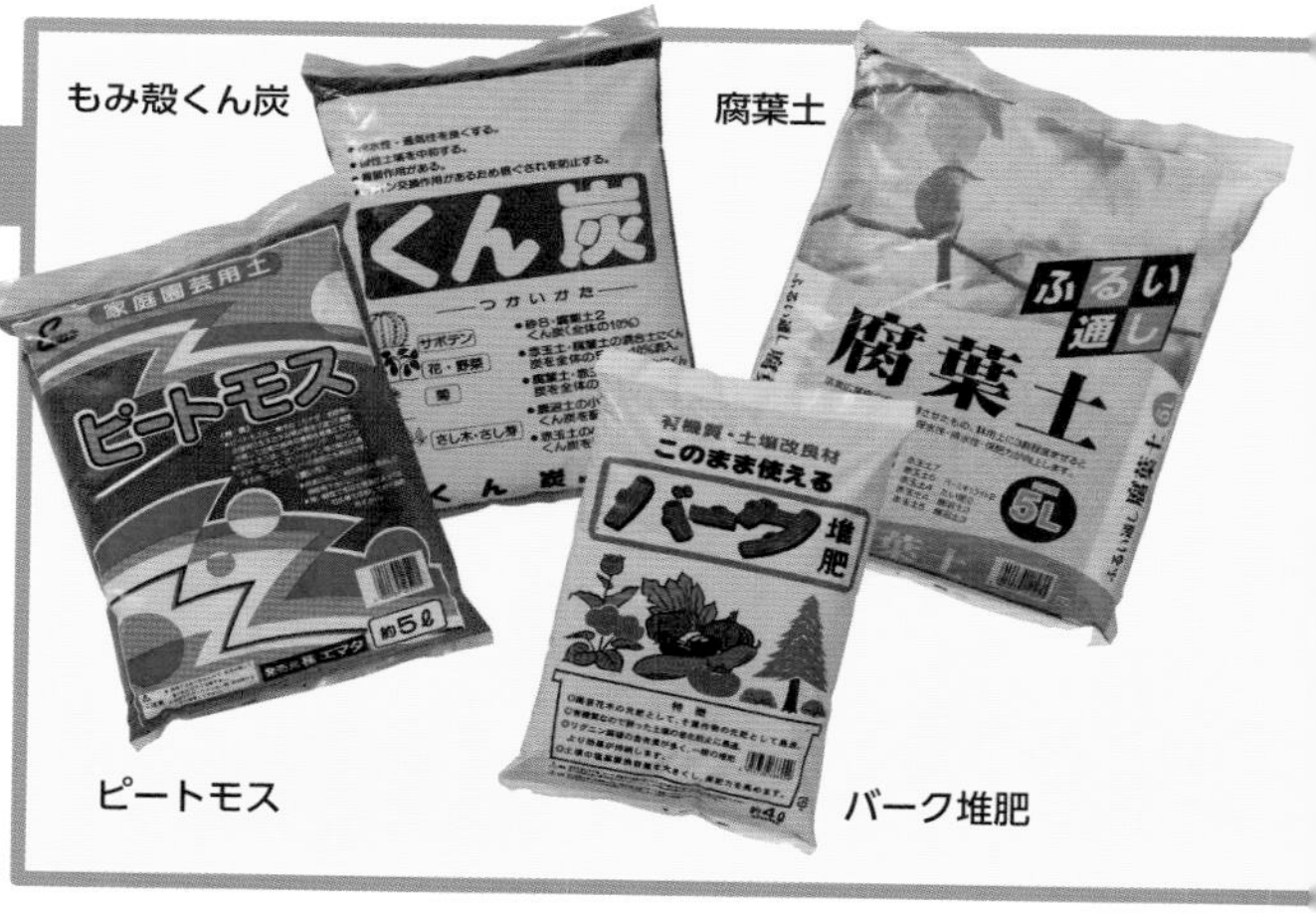


## 堆肥の投入による**三大効果**

### 1 物理性の改善

堆肥が分解されて土壌が団粒化されると、土壌環境がよくなり植物の根の生長が促される。

### 2 化学性の改善

堆肥が分解され、植物に必要な肥料分、微量要素を補給することができる。

### 3 生物性の改善

堆肥をエサとする微生物の動きが活性化され、有害微生物の増殖、土壌病害を防ぐことができる。

## 効果 堆肥の効果

堆肥は、有機物に含まれる有害な成分を、発酵のプロセスをへることで分解し、野菜の生育障害を未然に防ぐのに役立ちます。発酵で生じる高熱によって有害微生物や雑草種子を殺傷する効果もあります。また堆肥には、窒素、リン酸、カリのほかにも各種の微量要素の肥料成分がバランスよく含まれており、きわめて有能な肥料ともなります。

堆肥は腐植をつくる微生物の食料。食料が底をつく状態になったら、補充してやる必要がある。

# 2 よい堆肥とは

堆肥は土壌の通気性や排水性、保肥性などを改善する効果と、微生物が活動するのに必要となる食料の役割を担っています。

堆肥を施すことは、作物にとって、土壌にとって、また、土中の生態系にとってもプラスになることですが、よい効果を出すためには、よい堆肥を施さなくてはなりません。未完熟な堆肥は作物や土壌に悪影響を及ぼすこともあります。堆肥をつくるとき、購入する際には以下の点に注意しましょう。

## よい堆肥の4つの条件

### 1 完熟堆肥であること

未熟のまま土壌に混入すると土中で分解発酵が始まり、作物に害が出ることがある。

### 2 雑草のタネや害虫の卵がいない

土壌に混入後、雑草が発芽したり、害虫が発生して作物の生育に害を及ぼす。

### 3 材料の状態や特徴がわかる

土壌改良に向くもの、肥料成分を含むものなど、使用目的に合わせて原料等を確認する。

### 4 悪臭がしない

悪臭がするのは、未熟、もしくは水分量が適正でなかったため、腐敗した場合に起こる。

## 堆肥は肥料なの？ 堆肥の「勘違い」

土の中の小さな動植物や微生物の死骸は、土の中で分解されると、新しい有機物へと変わります。たとえば、落ち葉が長い時間をへて、茶色の枯葉から黒くボロボロの状態になりますが、これを「腐植（ふしょく）」といいます。この腐植は、土壌中の養分の貯蔵庫の役割や土壌を団粒化する働きをして土壌環境を整え、作物も元気に生長することができます。

この腐植を増やすには、良質な堆肥を土壌に混ぜることが大切ですが、そこでかん違いしやすいのが、堆肥＝肥料と思い込むこと。堆肥の投入で作物が元気になり、腐植も増えてくることから、土壌も肥えてくるので肥料だと思いがちですが、肥料成分入りの堆肥以外は、養分補給にはなりません。堆肥を入れたから肥料は入れないとなると、作物は栄養不足になってしまいます。

腐植は、堆肥や腐葉土からにじみ出る黒い液体に多く含まれている。

# 3 堆肥は分解されて発酵したものを用いる

堆肥は、落ち葉や植物の残さなどを、堆肥づくりのための木枠やバケツに入れて微生物に分解させ、有機物として畑や花壇に施します。植物を植え込む畑などに、分解する前の落ち葉や生ごみを入れてもかまわないのではと思われるかもしれませんが、分解する前の未熟なものを入れてしまうと作物の生育に悪い影響を及ぼします。

## ◆土が窒素飢餓を起こす

有機物を分解する微生物自体も有機物で、9（炭素）：1（窒素）の割合でできています。落ち葉や生ごみなどの有機物をそのまま土壌に混ぜると、土中の微生物は落ち葉などを分解するために、土中の窒素成分を使用します。その際、土壌中に施された窒素肥料の窒素成分も使うため、作物が養分として吸収する窒素分が不足し、作物は窒素飢餓（きが）を起こしてしまいます。

## ◆ガス障害を起こす

微生物が有機物を分解する際に、二酸化炭素を発生させます。有機物をそのまま施すとたくさんの二酸化炭素が発生して、タネをまいても酸素が欠乏して発芽が抑制されて悪くなります。したがって、2週間ほどおいてガス抜きをしてからタネまきを行わなくてはなりません。

### 分解・発酵ずみの落ち葉堆肥

集めた落ち葉を木枠に入れて踏み固める作業をくり返し、2～3週間後、積み上げた落ち葉が上下に入れ替わるように全体をかき混ぜる。6か月ぐらいすると、微生物によって分解・発酵した落ち葉堆肥が完成（➡P42）。そのまま畑に施す。

## 解説 C／N比（炭素率）

有機物が含んでいる炭素と窒素の比率をC／N比（炭素率）といいます。窒素に対してどのくらいの炭素を含んでいるかで、微生物が分解しやすいかどうかを、また、窒素飢餓を起こしやすいかどうかを判断する数値です。堆肥化に適している比率は20～30がベストで、この比率であれば窒素飢餓を起こさず、分解されやすいということになります。

| | |
|---|---|
| 牛ふん | 10 ～ 20 |
| 豚ぷん | 8 ～ 10 |
| 鶏ふん | 6 ～ 10 |
| 稲わら | 50 ～ 60 |
| オガくず | 300～1000 |
| 落ち葉（広葉樹） | 50 ～ 120 |
| 落ち葉（針葉樹） | 20 ～ 60 |
| マメ科の植物 | 10 ～ 17 |
| 剪定枝 | 70 |
| コーヒー粕 | 23 |
| 茶粕 | 12 |
| 米ぬか | 23 |
| 生ごみ（野菜） | 10 |

注意

### 未完熟の生ごみ堆肥

乾燥処理していない生ごみは腐敗して悪臭を放ち、害虫がわいたりするので避けたい。そのまま畑に投入する場合は、米ぬかなどを混ぜて埋め込むとよい。

土づくり❶

堆肥の種類と使い方〈2〉

# 特徴を理解して最大限の効果を引き出します

ひと口に堆肥といっても、その材料の質によって効果は大きく異なります。前述したように、堆肥は大きく、植物系堆肥（原材料が植物質由来）と栄養堆肥（原材料が動物質由来）に区別できます。

堆肥には、窒素、リン酸、カリのほかにも各種の微量要素の肥料がバランスよく含まれており、きわめて有能な肥料でもあります。それぞれの特徴をよく理解して、堆肥のつくり方、使い方の実際に役立てましょう。

## 堆肥の種類と成分

| 植物系堆肥 | | | | |
|---|---|---|---|---|
| 種類 | 含有成分の割合（%） 窒素（N） | リン酸（P） | カリ（K） | 摘要 |
| 落葉堆肥 | 0.5～2 | 0.1～1 | 0.2～2 | ●野菜・花・鉢花の何にでも使用できます。 |
| 稲わら堆肥 | 0.4～2 | 0.1～2 | 0.2～3 | |
| 腐葉土堆肥  | 0.3～1 | 0.1～1 | 0.2～1.5 | ●畑や花壇、プランターの土壌改良に最適です。茶色で黒くない未熟なものや、枝などが混ざっているものは避けます。ケヤキやサクラの葉などの分解が早いものを使用し、針葉樹やイチョウなどの油脂成分を含んでいるものは腐りにくいので避けましょう。 |
| もみ殻堆肥 | 0.2～1 | 0.1～1 | 0.2～1 | ●野菜・花など何にでも使用できます。物理性の改良に効果を発揮します。 |
| もみ殻くん炭堆肥 | — | — | 0.1～0.5 | ●カリ以外の肥料分はほとんどありません。鉢用土や畑の改良に適します。 |
| バーク堆肥  | 0.8～3 | 0.2～2 | 0.3～1 | ●樹皮を発酵させたもので、繊維質が多く肥料成分がほとんどないため、土壌改良を目的に使用します。樹の皮がそのまま混ざっている未熟状態のものは窒素飢餓を起こしやすいので要注意。土になじみやすいよう少し湿らせてから使用します。 |

### 緑肥を利用した循環農法

レンゲ

早春の田んぼ一面に咲くレンゲ。昔から、農家では花が終わったらそのまま緑肥として、土にすき込みます。

| | 栄養堆肥 | | | | | | 生ごみ堆肥 |
|---|---|---|---|---|---|---|---|
| | 牛ふん堆肥  | 乾燥牛ふん堆肥 | 鶏ふん堆肥・乾燥鶏ふん堆肥 | 発酵鶏ふん堆肥 | ミミズふん堆肥 | 豚ぷん堆肥 | 家庭ごみ堆肥  |
| | 2〜2.5 | 2〜3 | 4〜6 | 2〜4 | 1〜2 | 3〜4 | — |
| | 1〜5 | 2〜4 | 6〜8 | 4〜7 | 1〜2.5 | 5〜6 | — |
| | 1〜2.5 | 0.5〜2 | 3〜4 | 2〜3 | 0.5〜2 | 0.5〜2 | — |
| | ●牛ふんにおがくずや稲わらを混ぜて発酵させ、堆肥化したもので、肥効は緩やか。肥料効果も多少はあり、バランスのとれた土壌になります。ただし、植物が生育できる肥料成分は十分ではないので、元肥として使用する場合は、肥効の高い肥料を別に施す必要があります。 | ●肥料分を含むため、施用後は十分に腐熟させます。 | ●他の堆肥にくらべ、リン酸やカリ成分を多く含みます。肥料成分が高いので、肥料成分量を確認して使用量を割り出しましょう。 | ●リン酸成分を含む堆肥です。有機物の含有量は少ないので、土壌改良効果は期待できません。施肥量が多いと肥料やけを起こしやすいので要注意です。 | ●肥料として、土壌改良として使用できます。肥料成分は高くないので肥料やけなどの心配はありません。単体で使用する場合、肥料切れを起こすので、他の肥料と併用するとよいでしょう。 | ●肥料成分は牛ふん堆肥より高く、鶏ふん堆肥より低い堆肥です。土中での分解は早く、有機質肥料に近い肥効が現われます。施肥量が多いと肥料やけを起こしやすいので注意しましょう。 | ●家庭から出る生ごみ（食物残さ）は、肉や魚、卵のからなど栄養価の高い動物質が含まれるため肥料分も多少含まれます。生ごみには水分が多いので、堆肥化では、野菜ごみだけにするか、生ごみは乾燥させたものを使用しましょう。 |

緑肥とは、レンゲやムギ類などの植物を、開花、収穫後に緑の茎葉のまま、土壌にすき込み腐敗させるものです。栽培した植物をそのまま土にすき込むことで、その場所で堆肥化させることになります。

つまり、その場所で使用した養分を、また同じ場所の土に戻すという、生態系の循環にかなった方法です。年間施肥計画に緑肥を組み入れたいものです。

緑肥に向く植物には、トウモロコシ、マリーゴールド、クローバー、ダイズ、ルピナスなどがあります。

ライムギ

土づくり❷

実践堆肥をつくろう

# 身近な材料で堆肥がつくれます

堆肥の材料は、有機物であれば何でも使用することが可能です。発酵促進には米ぬかが最適ですが、市販の腐葉土や堆肥をタネ堆肥として原料に混合してもよいでしょう。身近な材料で簡単にできる堆肥づくりを紹介します。

## 実践1 腐葉土をつくる【木枠】

木枠を利用した腐葉土づくりの方法です。木枠で囲まれたスペースをブロックなどで仕切り、落ち葉を積みあげていくと下層の部分から腐葉土化します。そこで、隣のスペースへ腐葉土化していないものを移動し、下部の完熟した部分を使用します。

1 集めてきた落ち葉を、木枠の片方のスペースへ入れる。

## よい堆肥づくり 3つのポイント

### 要点1 成分バランスをとる

植物の養分である窒素、リン酸、カリの成分バランスを考えましょう。一般的に植物系のものはカリが多くリン酸が少なく、動物系のものはリン酸が多くカリが少なくなっています。ですから、植物系と動物系を組み合わせてバランスをとるとよいでしょう。

### 要点2 水分量を調整する

微生物の動きを活発にするには水分が必要です。しかし、水分が多すぎるといやな臭いが出るなど、未熟な堆肥になりかねません。有機物を握り、水が滴り落ちるようなら水分過剰です。日光や風に当てたり、乾いた落ち葉などを混ぜて乾燥させましょう。

### 要点3 完熟させる

堆肥が完熟するまで、季節にもよりますが半年近くかかります。完熟しているかどうかの判断基準として以下が目安となります。

- 材料の形がなくなっている。
- 色が黒褐色になっている。
- 牛ふんなどの材料独特のにおいがなくなり、堆肥臭になっている。

途中、落ち葉を踏みながら米ぬか、土壌酵素活性剤の「コーラン」などを全面に振りかけて発酵を促す。

❷の上に落ち葉を入れる。

**ココがポイント**

全面にたっぷり行きわたらせる。

水をかけて踏み込む。

❶から❹までの作業を行う。途中、切り返し作業（下記参照）をする。5か月前後で完熟堆肥が完成する。

## 切り返しを行って発酵を均一に促す

堆肥の発酵が均一に行われるように、積み重ねた落ち葉を攪拌（かくはん）することを「切り返し」といいます。堆積したままで放置すると、水分や空気があるところとないところが生じて発酵もまばらになってしまいます。

そこで切り返しを行い、環境を均一化させることで堆肥がふかふかになっていきます。切り返しの回数は、野菜くずなどの水分が多いものが材料の場合は週に一度、その他は10日に一度から少しずつ間隔をあけていきます。

積み上げた落ち葉が上下に入れ替わるように、全体をかき混ぜる。

# 実践2 腐葉土をつくる【不織布バック】

造園屋さんが、作業時に落ち葉などを収集する不織布の専用バックを利用して腐葉土をつくります。バックの素材は頑丈で、手持ちひももついており、大きさも大中小あるので、落ち葉の量、置き場所に合わせて用意するとよいでしょう。５か月前後で完成です。

## 用意するもの

珪酸塩白土（ミリオン）

落ち葉

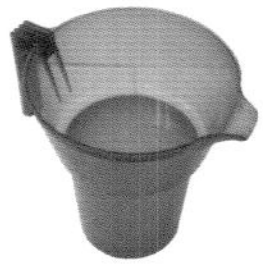

米の研ぎ汁

米ぬか

＋

不織布バック

1 不織布バックに落ち葉を入れる。

2 落ち葉の表面を平らにした上に、米ぬか一つかみを全体にかける。

3 ❷の上に、珪酸塩白土一つかみを全体にかける。

**ココがポイント** 珪酸塩白土を入れると有害菌の発生を抑え、土壌環境も整えられる。

4 ❸の上に落ち葉を入れ、米の研ぎ汁（水でもよい）をかける。

5 ❹の上をしっかり踏んで押しつぶし、余分な水分を外に出して上部をふさぎ、余分な水が入らないようにする（ビニール袋をかけてもよい）。落ち葉がたまったら❶～❺の作業を行う。

6 作りはじめて１週間から10日ぐらいたったら、全体をかきまぜ途中の状態を見る。

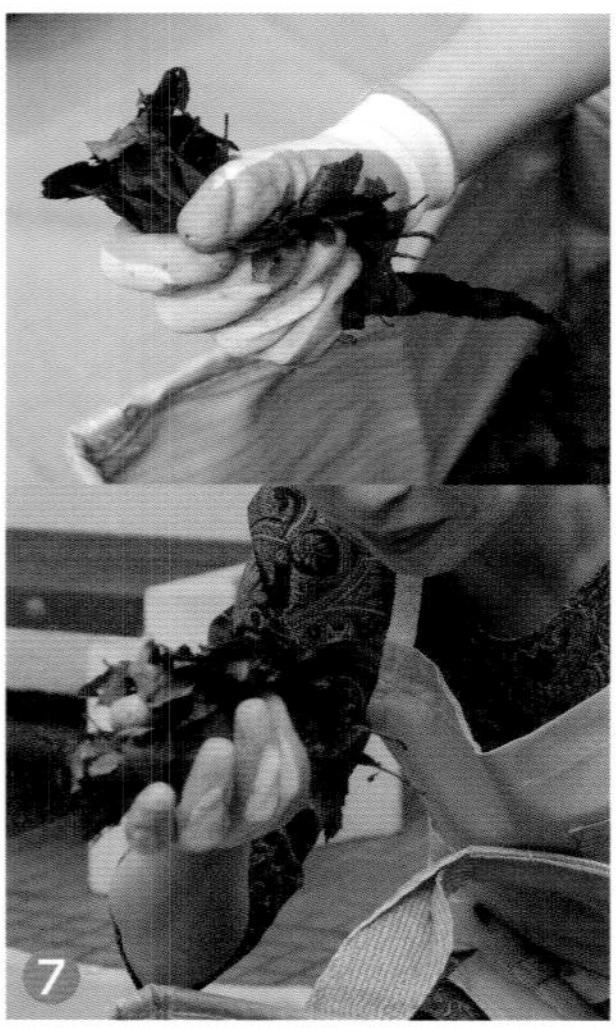

7 分解が進んだ堆肥は、握ってみて液が出ず悪臭もしない。以降も❶～❻の作業を続ける。

# 実践3 堆肥をつくる【新聞のストック袋】

新聞のストック袋を利用します。野菜くずは水分を多く含んでいるため、そのまま使用すると腐りやすく、悪臭や虫も発生します。慣れるまで、ある程度乾燥させて何回かつくりながらコツをつかみましょう。約3か月（冬場は半年）ぐらいで出来上がります。

## 用意するもの

珪酸塩白土（ミリオン）

ミカンのネットなどで乾燥させた生ごみ

用土（古土でもよい）

もみ殻くん炭

＋

新聞のストック袋

1
ココがポイント
完全に乾ききる直前くらいの乾きぐあいがよい。

ミカンのネットなどに野菜くずを入れて乾燥させる。

レンジを利用して、野菜くずの水分を飛ばしてもよい。

新聞のストック袋に❶で乾燥させた生ごみを入れる。

❷の上に乾燥生ごみ全体量に対し、10%以下のもみ殻くん炭をふりまく。

❸の上に珪酸塩白土を一つかみふりまく。

❹の上に乾燥野菜くずの半分以下の土を入れてよく混ぜ、その上に厚さ1cmで土をふた代わりに敷く。1週間～10日後、野菜の形が崩れていないようなら、表面の土が湿る程度に水をかけ、その上を踏んで様子を見る。全体が黒くなっていれば完了。

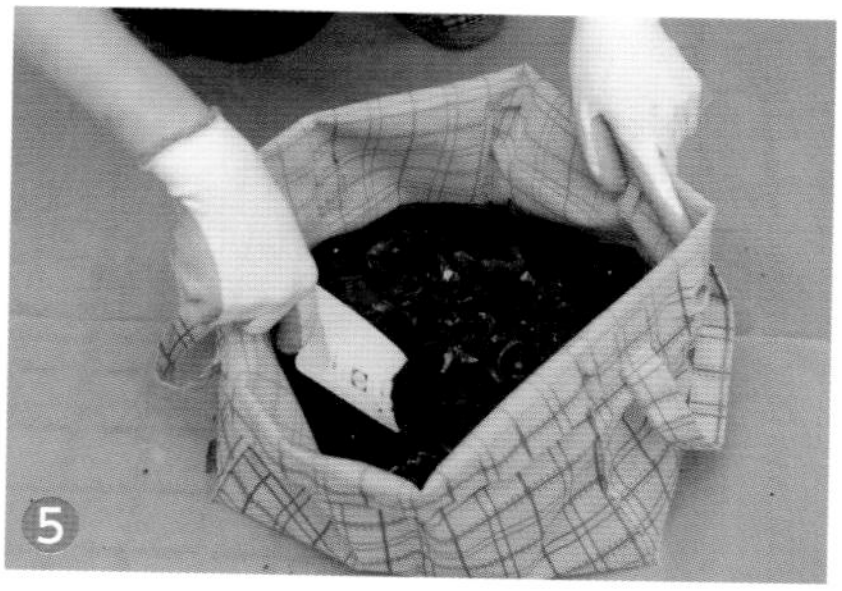

最初は動物系の物は混ぜず、乾燥させた野菜くずだけで練習するとよい。

# 実践4 堆肥をつくる【コンポスト】

庭の隅や畑の隅などにスペースがあれば、コンポスターという専用容器で堆肥をつくることができます。底なしのバケツのようなもので、余分な水分は流れていきます。また、ふたもついているので虫などの侵入も防げます。

1 コンポスターに落ち葉を入れる。

2 ❶の上に用土を入れる。

3 ❷の上に生ごみ（写真は乾燥した生ごみ）を入れる。

4 ❸の上に米ぬかを入れ、その上に用土を入れる。米ぬかは発酵を促す効果がある。

❺ ❶から❹までの作業を繰り返し行う。途中、少量の水と珪酸塩白土（ミリオン）を入れる。

**ココがポイント**

通常時はふたを閉めて、雨水が入ったり虫などの侵入を防ぐ。

## コンポスターを使った手づくり堆肥

落ち葉や生ごみなどを入れたら必ず用土を入れ、何層かに重ねていく

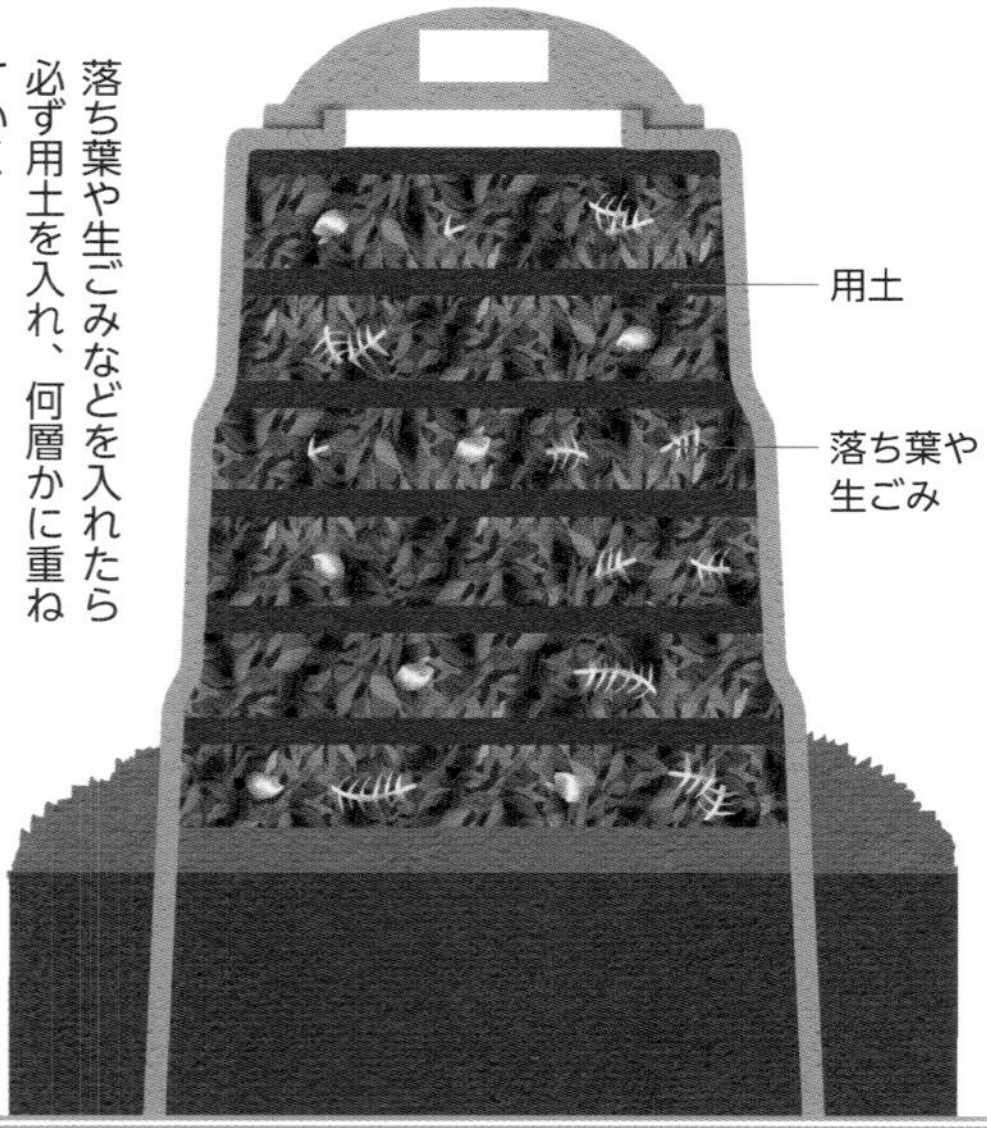

# 実践5 堆肥をつくる【衣装ケース】

ベランダや狭いスペースで、自家製堆肥をつくる際、気になるのがにおいや見た目の問題です。ここでは、衣装ケースを利用した堆肥づくりの紹介をします。衣装ケースは堆肥づくりだけではなく、用土のリサイクル（⬇P58）にも利用できます。

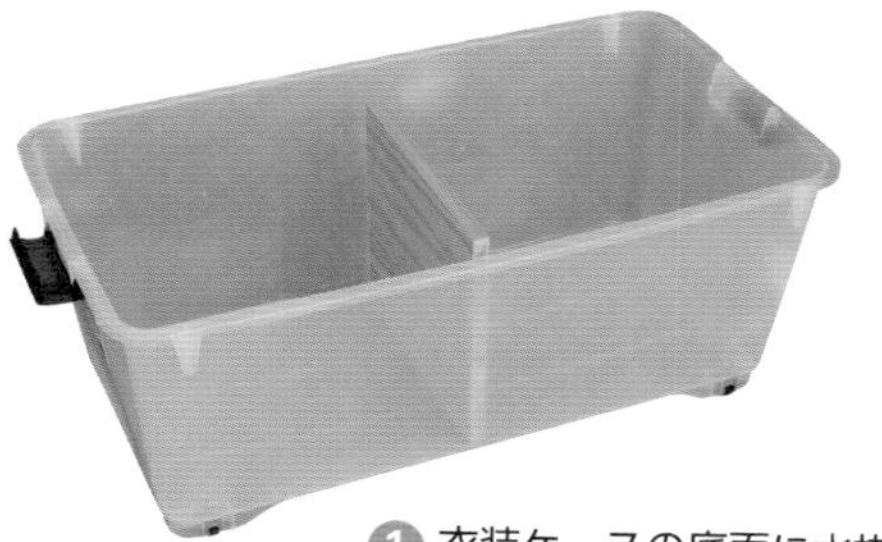

❶ 衣装ケースの底面に水抜きの穴を数か所あけ、中央に仕切りをつける。

2

仕切りの一方に古土やリサイクル用土を入れ、もう一方には落ち葉や乾燥した野菜くずを入れる。

3

落ち葉などを入れたら、用土を入れて押さえる。

4

❸の作業を何度か繰り返す。途中、落ち葉などの上に米ぬかをふりまく。

**ココがポイント** 米ぬかがない場合、米の研ぎ汁を水代わりに入れてもよい。

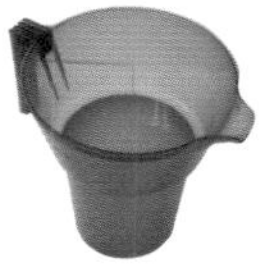

5

❹の上に用土を薄くかけ、その上から少量の水をまいて土中の有機物の働きをよくする。

6

衣装ケースの半分の高さまで積み上がったら全体をかき混ぜ、土中に空気を入れる。

7

衣装ケースのふたを閉めておく。

❽ 余分な水や虫が入らないように、通常はふたをしておくとよい。落ち葉などの形がなくなれば使用できる。4～5か月前後で完成。

土づくり❸

土の酸度調整

# 土の酸性度を調整すれば元気に育ちます

日本の土壌は、雨によって酸性に偏いています。酸性度の強い土は植物の根を傷めてしまい、栄養が吸収できなくなって、植物が育ちにくくなります。そこで、栽培する野菜に合わせて、土の酸度を調整しておく必要があります。土をふかふかの団粒構造にする微生物や細菌の多くは、酸度（pH）5・0～6・5の土を好みます。したがって、弱酸性から中性土なら、微生物が活動しやすい土といえます。酸度調整もその数値を目標に行うことになります。

## 1 酸性土がよくない理由

酸性土壌になるとアルミニウムが土中に溶け、土中のリン酸を吸着し、植物が養分として吸収できない状態にしてリン酸欠乏を起こします。また、カルシウム、マグネシウムなど養分が欠乏し、植物に悪影響が出ます。このような影響によって、植物の根が傷み、養分や水分の吸収が阻害されます。

- ◆リン酸欠乏を起こす
- ◆土の中の栄養分が欠乏する
- ◆微生物が活動しにくい環境になる
- ◆根の肥料吸収力が低下する

### 酸性土になる原因

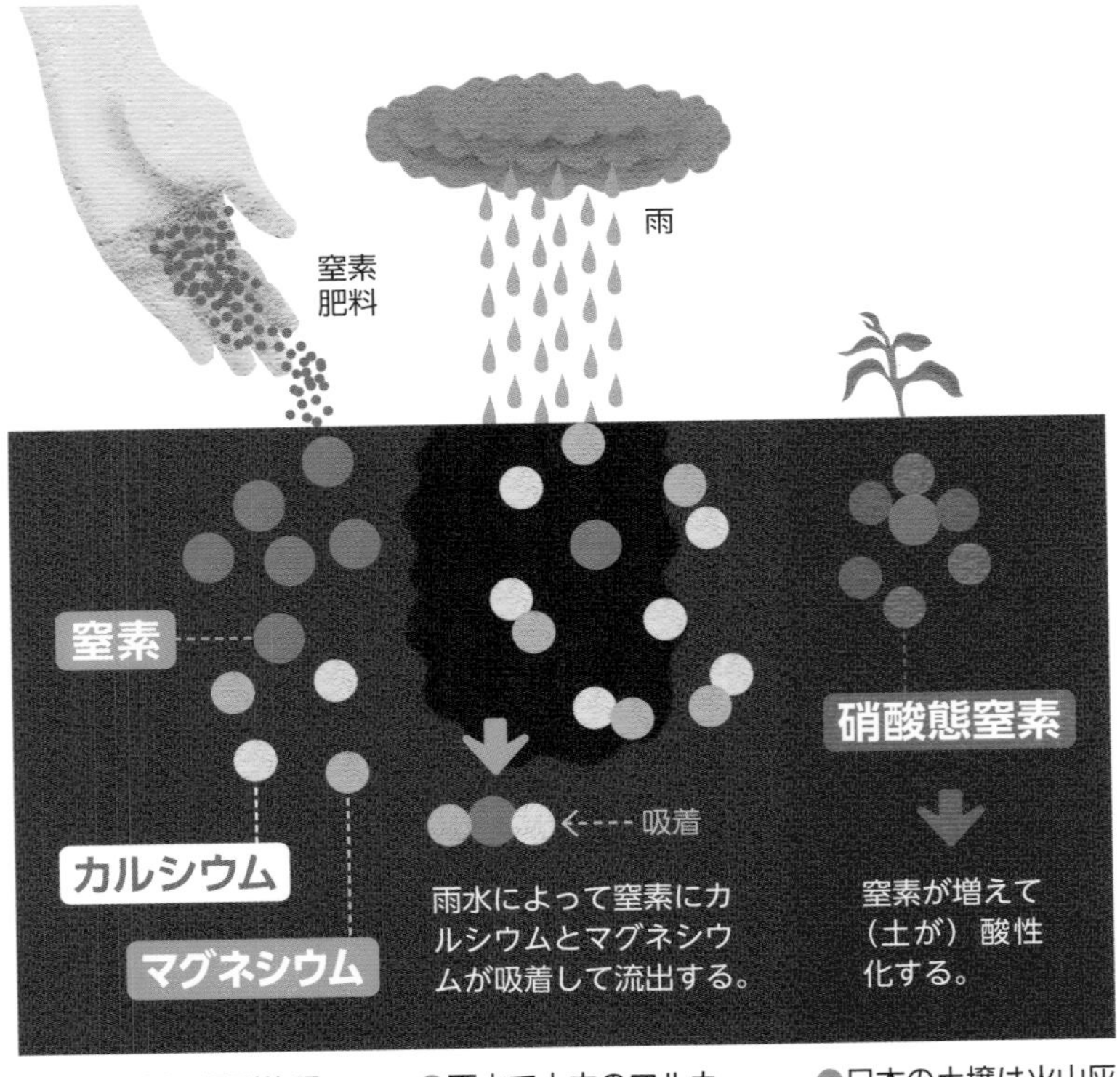

窒素肥料
雨
窒素
カルシウム
マグネシウム
吸着
雨水によって窒素にカルシウムとマグネシウムが吸着して流出する。
硝酸態窒素
窒素が増えて（土が）酸性化する。

●窒素肥料の過剰施肥により、カルシウムなどを流失しやすくする。

●雨水で土中のアルカリ成分が流れ、酸性成分が残りやすい。

●日本の土壌は火山灰土が混ざっており、酸性に傾いている。

# 2 酸度と作物の関係

野菜の多くは、中性～弱酸性の酸度を好みますが、ジャガイモやサツマイモは酸性土に強く、ホウレンソウやダイコンは酸性に弱いというように、野菜の種類によって好みが変わってきます。

野菜の栽培に当たっては、生育しやすい環境に近づけるため、各作物に適するｐＨの範囲を確認しておきましょう。

## 土壌のｐＨと作物の最適ｐＨ

| 作物 | 酸性 | | | 中性 | | アルカリ性 | | |
|---|---|---|---|---|---|---|---|---|
| | | 弱酸性 | | | | 弱アルカリ性 | | |
| | ～5.0 | 5.0～6.0 | | 6.0～7.0 | | 7.0～8.0 | | 8.0～ |
| タマネギ | | | | | | | | |
| ダイコン | | | | | | | | |
| ホウレンソウ・レタス | | | | | | | | |
| サツマイモ | | | | | | | | |
| ジャガイモ | | | | | | | | |
| エンドウ | | | | | | | | |
| インゲン | | | | | | | | |
| キャベツ | | | | | | | | |
| アスパラガス・ダイズ | | | | | | | | |
| カボチャ | | | | | | | | |
| キュウリ・トウモロコシ | | | | | | | | |
| ナス | | | | | | | | |
| ハクサイ | | | | | | | | |
| ニンジン | | | | | | | | |
| トマト | | | | | | | | |
| サトイモ・エダマメ・スイカ・ソラマメ・ピーマン・メロン・アズキ・カリフラワー・コマツナ・シュンギク・ショウガ・セロリ・チンゲンサイ・ニラ・ネギ・ブロッコリー・ミツバ | | | | | | | | |
| イチゴ・ゴボウ・ラッカセイ | | | | | | | | |
| ソバ | | | | | | | | |
| ヤマノイモ | | | | | | | | |

ベスト数値 ＝
栽培可能な範囲 ＝

### 酸性土に強い野菜

サツマイモ

ジャガイモ

### 中性を好む野菜

エダマメ

トウモロコシ

### 酸性土に弱い野菜

ホウレンソウ

ダイコン

# 3 酸度（pH）の改善

日本は雨が多いことから、石灰分が流れて土壌が酸性に傾きがち。酸性土壌に傾くと各種養分の効き方のバランスがくずれ、根が生育障害を起こしやすくなります。逆にアルカリ土壌では、微量要素が吸収されにくいなどの影響が出ます。いずれも、野菜の生育に悪い影響を及ぼすので、酸度調整が求められます。

## 酸度調整の方法

まず、畑などの栽培予定地のpHを調べます。一般的に、pH6.0以下が酸性、7.0以上がアルカリ性になります。ちなみに市販の培養土はpH5.5 ～ 6.5の弱酸性から中性に調整されています。ただpHを調整しても、常にいい数値を維持できるわけではありません。１年に１度はpHを調べて、大きな偏りが見られたら、そのつど調整が必要です。

### ◆酸性土壌の改良

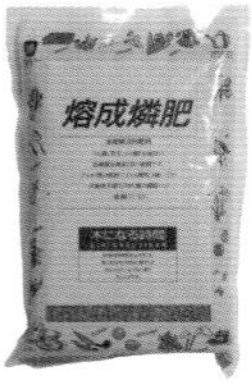

熔リン

pHの改善材料として、酸性をアルカリ性にする際に使用されるのが石灰資材です。ただ、施す面積にあわせて適量を散布しないとアルカリ性が強くなってしまうので要注意です。また、肥料の熔リン（溶成リン肥）も石灰資材の炭カル（炭酸石灰）と同じ効果があるので利用してもよいでしょう。

▼石灰は、まいたらすぐ土と混ぜ合わせる。

### ◆アルカリ土壌の改良

苦土石灰

過剰な石灰資材投入は注意する。

◀土に水をかけて石灰分を洗い流す。

▶アルカリ土壌を好むホウレンソウなどを栽培して石灰分を吸収させる。

▼珪酸塩白土を散布して石灰分を吸着させる。

タネをまいたり、苗の植え付けのたびに石灰を施す人がいますが、石灰を施しすぎると強アルカリ性になり、作物の葉が黄化したり枯れる場合もあります。とくにトンネル栽培やマルチングした場所では、雨や水やりの際に石灰分が流れにくいためアルカリ性度が強まります。

### ◆土壌を中性に維持する

珪酸塩白土

▶土づくりの際に珪酸塩白土を土に混ぜ込んで中性に調整する。

時間はかかりますが、堆肥を施すことで極端な酸性、アルカリ性が中和されていきます。また、珪酸塩白土はpH6～7の中性に調整することができるので、あらかじめ土壌に混ぜ合わせておく方法もあります。

# 4 石灰資材を使うときの注意点

日本の土壌は、降雨量が多いことから、酸性になりやすいのが特徴です。酸性土壌では作物の生育が悪くなります。そこで、石灰資材で土壌酸度を調整しますが、石灰資材にはいろいろな種類があるので、それぞれの特徴を確認しておくことが大切です。使用に当たっては以下の点に注意しましょう。

### 1 根に直接当てない

強アルカリ性の生石灰、消石灰は反応が早く強い。植物の根に直接当たると肥料やけを起こすので、植え付けまで2週間ほどあける。

### 2 堆肥や肥料と別に

堆肥や肥料と一緒に施すとアンモニアガスが発生し、窒素分が逃げてしまうことになるので避ける。

### 3 やりすぎに注意

施しすぎてアルカリ性になると生育に問題が生じるので、最初は半分くらい入れ、様子を見て追加する。

## 石灰質肥料の種類と特徴

| 種類 | 特徴 | アルカリ分 | 使用目安 | 効果 |
|---|---|---|---|---|
| 生石灰（せいせっかい） | 強アルカリ性の酸化カルシウム。水に触れると発熱し、消石灰になる。反応が強く、障害が出やすいためベテラン向き。 | 約80%以上 | 1㎡に120g | 速効性 |
| 消石灰（しょうせっかい）   | 強アルカリ性の水酸化カルシウム。生石灰に水を加えたもの。反応が強く、障害が出やすいためベテラン向き。 | 約60%以上 | 1㎡に150g | 速効性 |
| 炭酸石灰（たんさんせっかい）（炭カル） | アルカリ性の炭酸カルシウム。石灰岩を粉末にしたもの。流出しやすいカルシウム、マグネシウムを補給する。初心者でも扱いやすい。 | 約50%以上 | 1㎡に200g | 緩効性 |
| 苦土石灰（くどせっかい）   | アルカリ性の炭酸カルシウム。白雲石（ドロマイト）を含む石灰石を焼いた粉末。流出しやすいカルシウム、マグネシウムを補給する。初心者でも扱いやすい。 | 約50%以上 | 1㎡に200g | 緩効性 |
| 貝化石（かいかせき） | アルカリ性の炭酸カルシウム。貝殻を乾かして粉末にしたものと、焼いて粉末にしたものがある。初心者でも扱いやすい。 | 約35%以上 | 1㎡に240g | 緩効性 |
| カキ殻（がら）   | アルカリ性の炭酸カルシウム。貝殻を乾かして粉末にしたものと、焼いて粉末にしたものがある。焼く温度で水溶性石灰になる。初心者でも扱いやすい。 | 約35%以上 | 1㎡に240g | 緩効性 |

## 酸性土壌に多い雑草

土壌が酸性になると、雑草の種類も変わってきます。酸性土壌に多い雑草は、スギナ、カヤツリグサ、ハハコグサ、オオバコなどで、これらの植物が生えている場所の大半は酸性土壌です。逆に考えれば、こうした雑草を退治するには除草剤などの薬品を使わなくても、土壌のpHをアルカリ性にすることで、数量を減らすことが可能となります。

オオバコ

ハハコグサ

スギナ

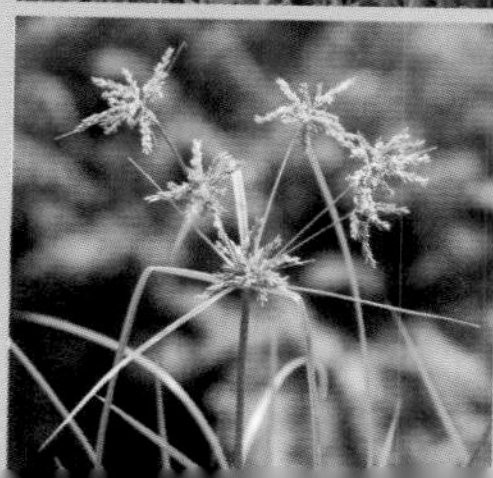
カヤツリグサ

# 5 pHを測ってみよう

pHを測定をするには、専用機具を使う方法と比色式検査で調べる方法があります。専用の機具は土に差し込むだけで測定できるので便利です。比色式の検査は、用土を水に入れて上澄み液を取り出すなど、手間と時間が少しかかります。

## 酸度測定液で測る

測定用土を水に入れて混ぜ、上澄み液に測定液をたらし、色の変化で測定する方法です。

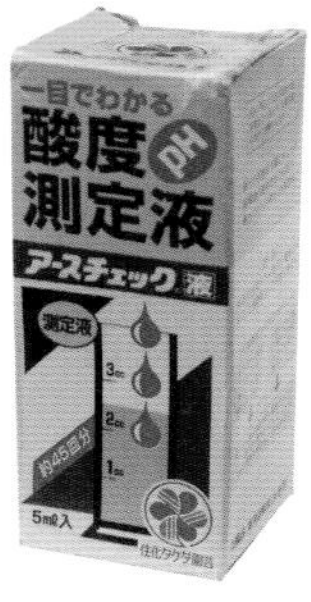


酸度測定液のキット

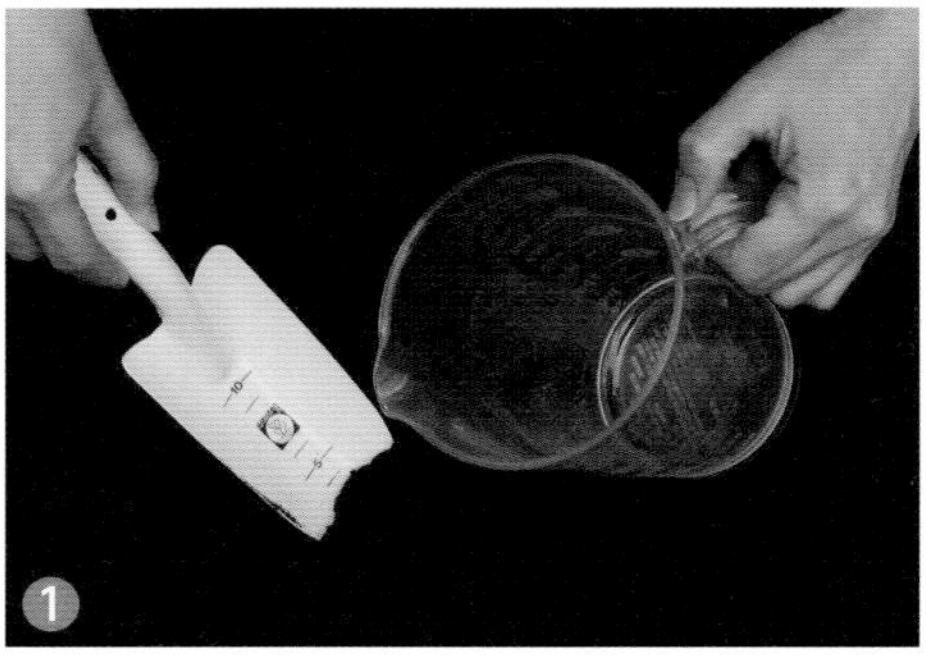

❶
pHを測りたい土を採取し軽量カップに入れる。

❷
❶に水を入れてよく混ぜる。

❸
しばらく平らな場所に置き、上澄み液が透明になってきたら専用ケースに上澄み液を採集する。

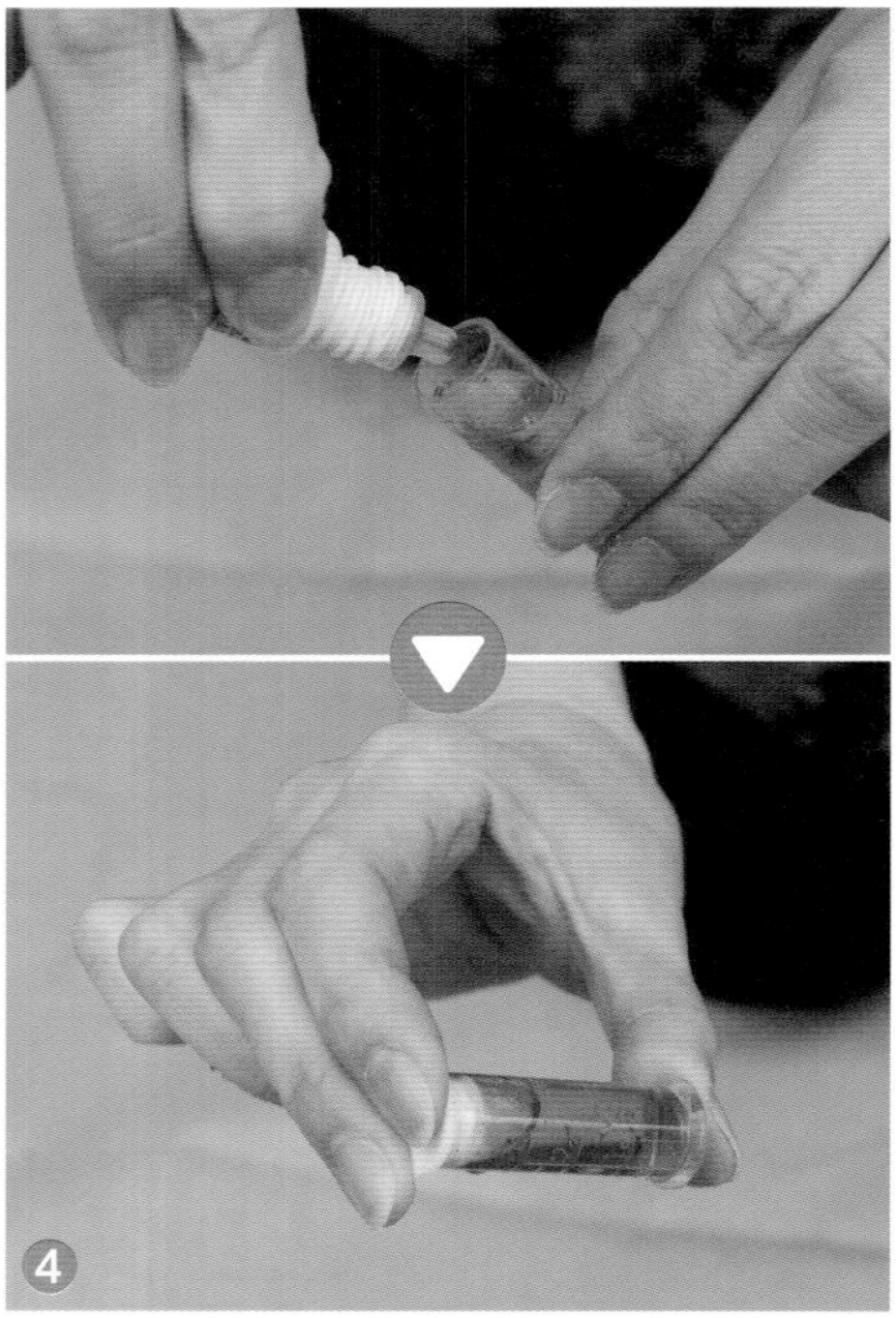

❹
採集した上澄み液に測定液を数滴落とし、専用ケースにふたをしてよく振る。

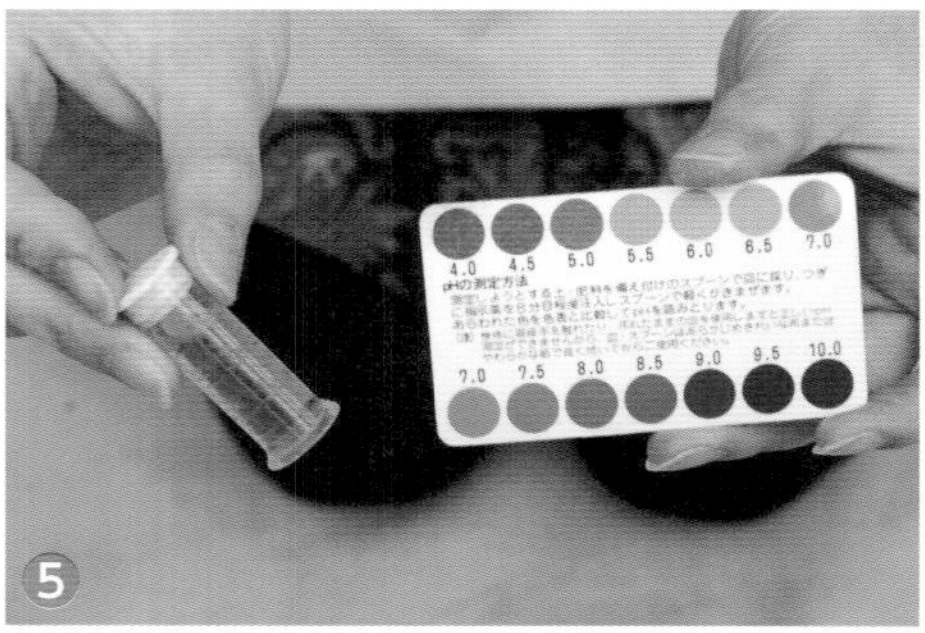


❺
比色シートに照らし合わせてpHを測る。

## 比色式pH検定器で測る

プレートにのせた測定用土に直接試薬をかけ、比色表と比較してpHを読み取ります。土壌を水と混ぜ、上澄み液での測定も可能です。測定範囲はpH4～10と広範囲。

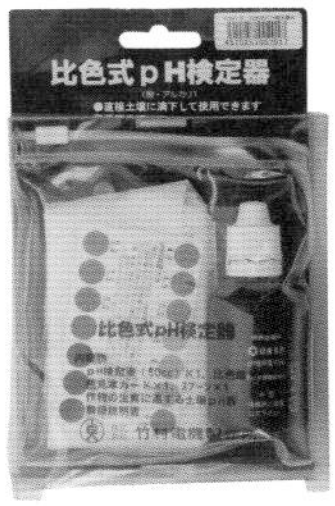


比色式
pH検定器

計測する土を専用スプーンでトレーにのせる。

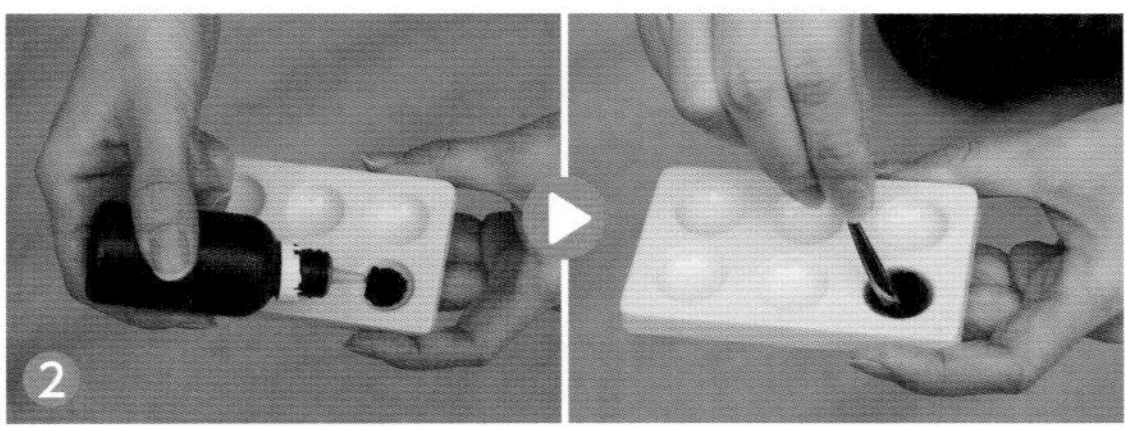


❷の上に測定液を数滴落とす。測定液と土をスプーンの柄を使用してよく混ぜる。

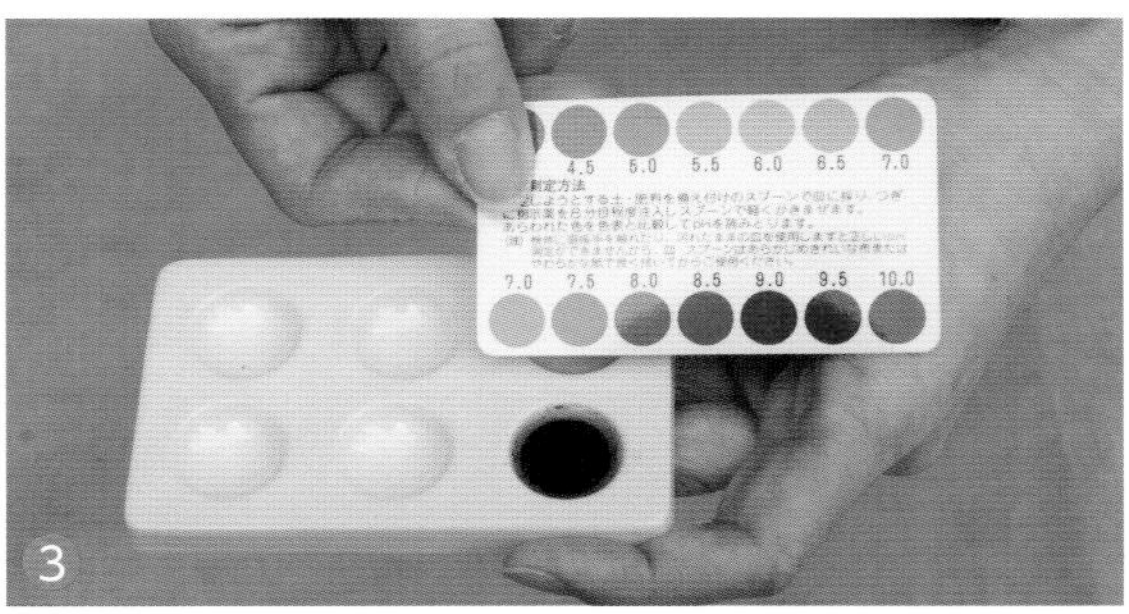


数分たったら、比色シートを使用してトレーと照らし合わせながらpHを測る。

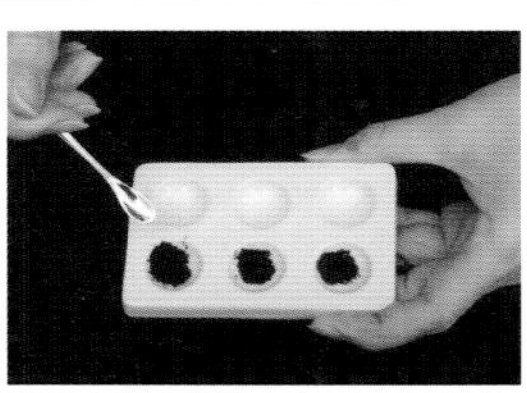

**ココがポイント** 測定はトレーの溝に、3か所ほどの土を採取して測る。

## 土壌酸度測定器で測る

測定器の先端を土に差し込んでから1～2分で数値がメーター部分に表示されます。正確に測定でき扱いやすいですが、他の測定器具より高価。pH測定範囲は4～7。

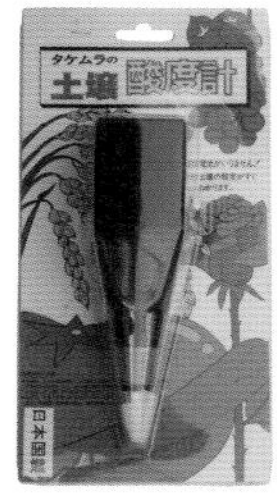


土壌酸度
測定器

pHを測りたい土を決め、土を湿らせておく。測定器を土に対して真っすぐ差す。

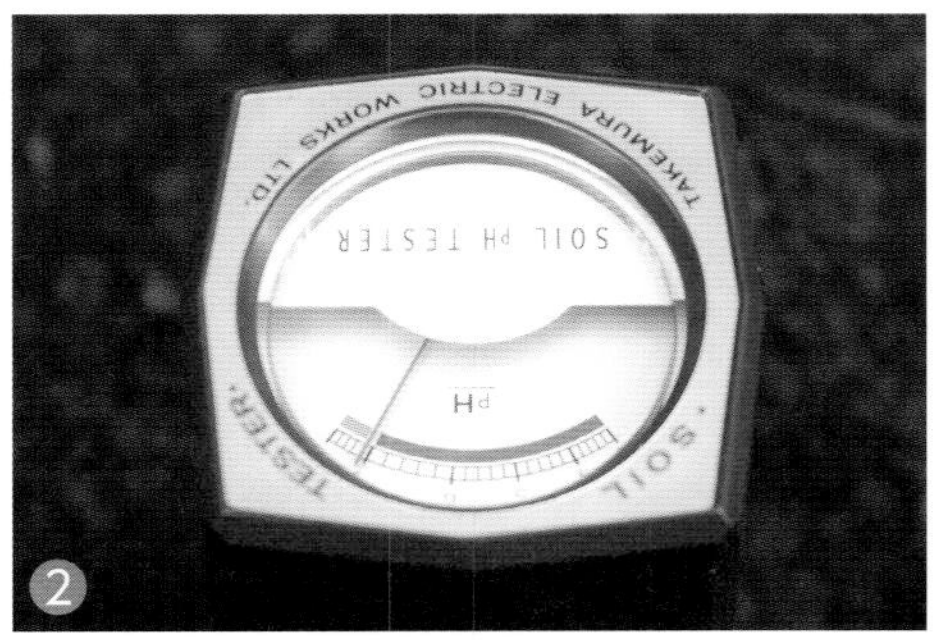


メーターの指示針の数値を読み取る。

**ココがポイント**

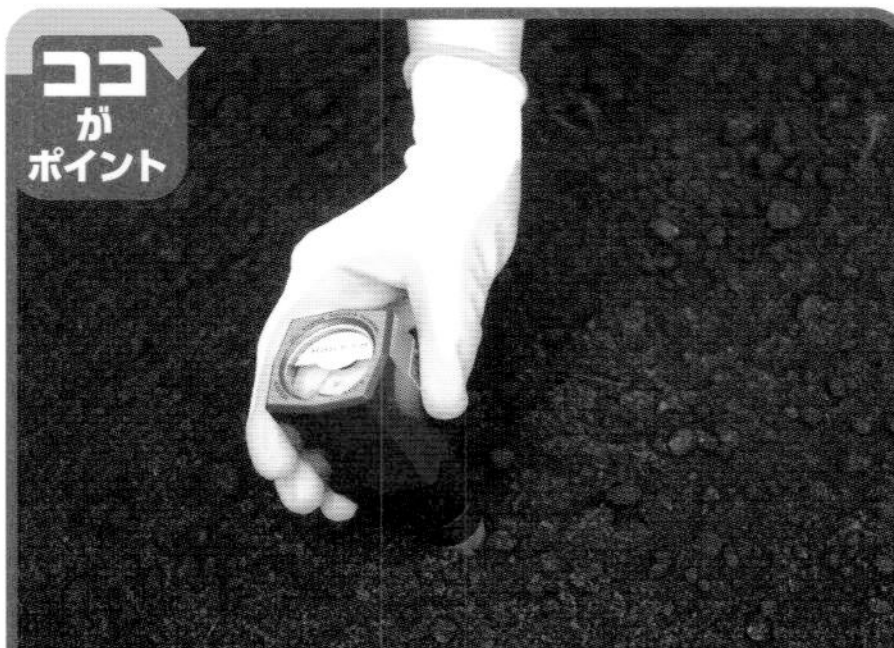

数値が落ち着いたら測定する。

土づくり❹

土壌環境を整える〈1〉

# 野菜の生育が悪いのは連作障害かも？

同じ場所に同じ作物を続けて栽培していると、収穫量が減ってきたり、病害虫の発生が多くなったりと、障害が出てきますが、この障害のことを「連作障害」といいます。障害が出ない野菜もありますが、連作しても生育に障害が出にくい野菜もありますが、ほとんどの野菜は生育に障害が出ます。

また、同じ科に属する野菜は、似たような性質をもち、病気や害虫などが共通することが多いため、同じ仲間を連作すると生育が極端に悪くなり、枯れることもあります。

ココがポイント
上層の土と下層の土を入れ替えることで、土に酸素が入りリフレッシュされる。


深めの天地返しは、連作障害の対策方法のひとつ。

## 1 連作障害の原因

作物によって障害の発生状況は違いますが、同じ畑に同じ野菜や同じ科の作物を植え続けると、生育が不良になります。不良だけならよいのですが、土中を含め、病害虫が発生しやすくなります。連作障害の原因はいくつか考えられます。

### ◆植え続けていた作物を好む微生物が増殖した

土中の微生物は、植物の根の周囲にいます。これは、植物が根から微生物を寄せ付ける物質を出しているため。同じ野菜ばかり植え続けると、土中の微生物も偏ってきます。微生物には有益な微生物がいれば病原となる菌もおり、微生物の偏りで病原菌も増えて発病しやすくなります。

### ◆土中の肥料バランスが偏った

野菜も属する科によって、肥料成分の好き嫌いがあります。同じ科のものを植え続けていると、土中の肥料成分の偏りができてしまい、特定の養分が不足したり、過剰になります。

### ◆アレロパシー物質が土壌に蓄積した

植物によって、他の植物の生長を抑制する物質を出すことが知られていますが、これを「アレロパシー」といいます。同じ植物だけ栽培していると、アレロパシー物質が残留し、高濃度となり自滅することがあります。

# 2 連作障害を起こしやすい作物

同じ畑に同じ科の野菜を続けてつくることを「連作」といいます。ウリ科やアブラナ科、ナス科というように、育てる野菜が何科に属しているかを知ることが大事です。そして、できるだけ異なる科に属する野菜を選んで栽培する「輪作」をしましょう。

**ナス科の植物** ナス、トマト、ジャガイモ など

**ウリ科の植物** キュウリ、スイカ、メロン など

**マメ科の植物** エダマメ、インゲン など

# 3 連作障害対策

連作障害を発生させないようにするために、いくつかの方法があります。

## 1 輪作を行う

科の違う植物を植え替えることで根の周辺の土壌環境が好転し、土中の病害虫の発生を抑制する。

## 2 接ぎ木苗を使用する

病気に強い品種を台木にした、接ぎ木苗を使用することで病害虫を防ぐ。

## 3 深めの天地返しをする

表層と深層の土を入れ替える天地返し（➡P66）を行い、排水性などの土壌環境を整える。

## 4 新しい土を補充する

耕作層の土を取り除き、栄養分の豊富な新しい作土を入れる。

## 5 微量要素入り肥料を施肥する

連作障害の原因の一つといわれる、微量要素欠乏を改善するため、施肥する。

## 6 土壌を消毒する

プロ農家は消毒用薬品を使用するが、一般には入手困難。身近な太陽光で消毒することができる。完全な消毒とはならないが、手軽にできる消毒法（下記）。

## 土壌消毒の方法（太陽光での熱消毒）

土壌消毒をする場所に、たっぷり水をまく。

マルチフィルムを張って地温を上げ、熱消毒する。

## 連作障害対策の市販剤

希釈液を2～3週間に1度散布するタイプの、連作障害対策用の資材も市販されている。

菌の黒汁

土づくり❹
土壌環境を整える〈2〉

# マルチングで地温と水分を調節します

土中の地温、水分の調節や泥はね防止などを目的として畝(うね)を各種シートやワラなどで覆うことを「マルチング」といいます。わらや刈った草などを株元や畝に敷くことは「敷きわら」「敷き草」ともいいます。

マルチングの目的は、①雑草を抑えること、②土壌の温度をできるだけ一定に保つこと、③土壌水分の蒸散(じょうさん)を抑えて過乾燥を防ぐこと、④降雨や潅水(かんすい)による土の跳ね返りを防ぎ、病気の発生を抑えること、を目的として使用します。

## 1 マルチングの効果

### 雑草の防除

黒マルチなど光を遮断することで、雑草の発芽を抑える。

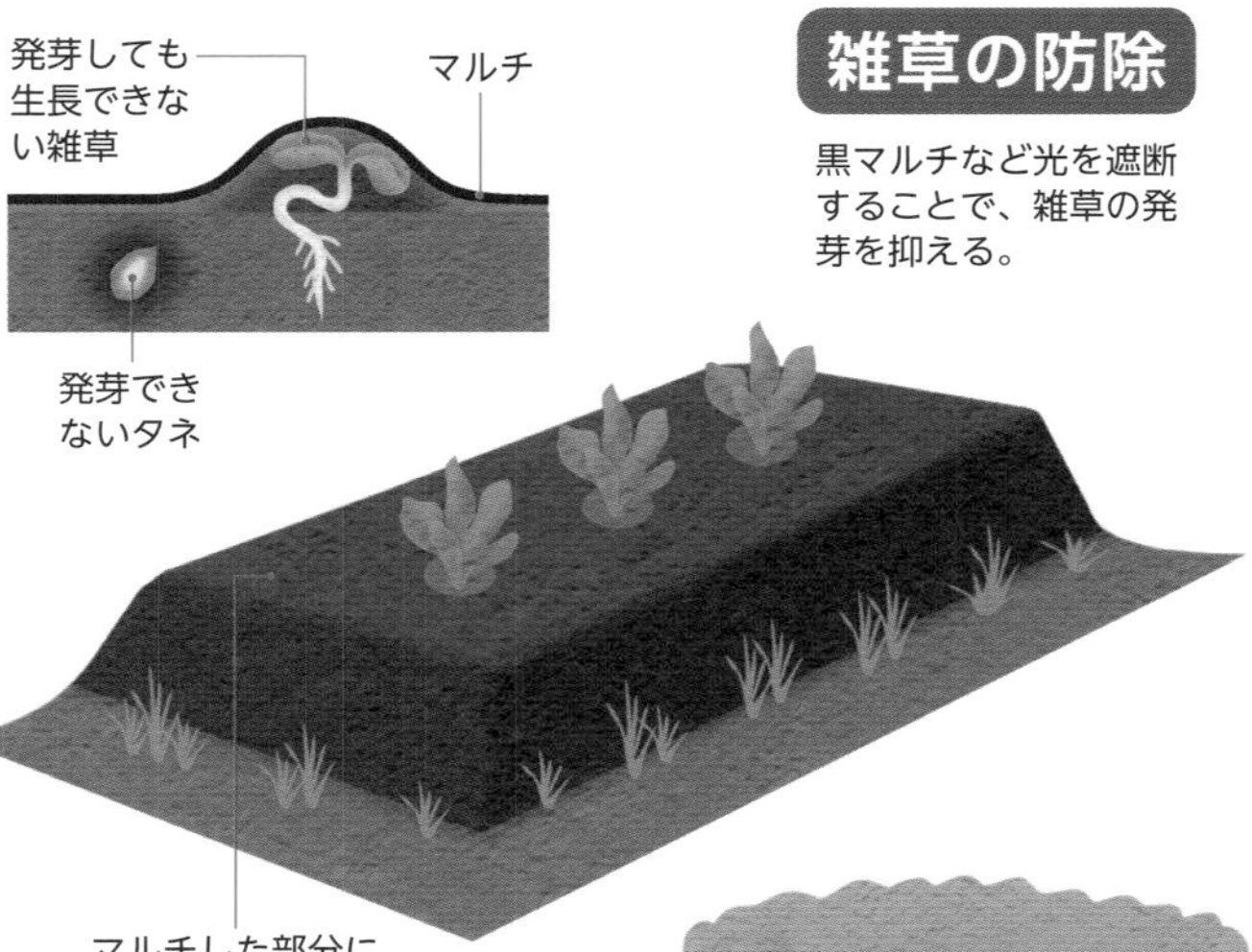


### 土壌と土質の保護

雨などによる土壌の流出を防止して、団粒構造を保つ。

### 泥はね防止

泥はねが原因で発生する病気を防ぐ。

### 土中の水分保持

ビニールマルチの場合、土中の乾きを抑える。

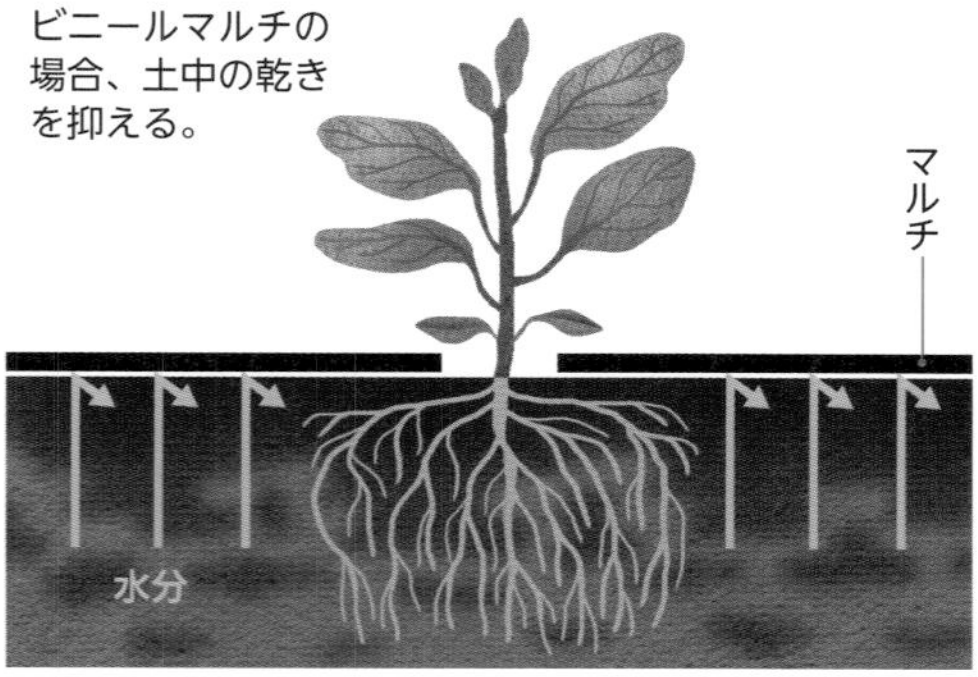


### 地温調節

マルチ資材により、効果的に地温を調節する。

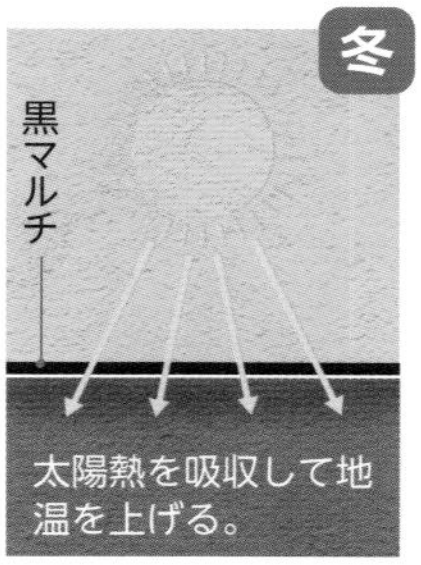


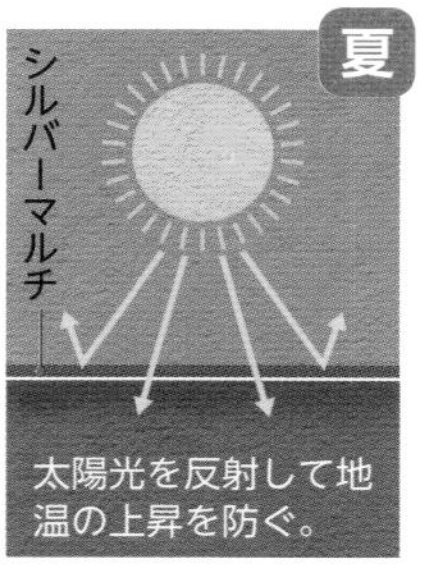

# 2 マルチングの手順

マルチングシートを張る際は、土壌とこれを覆うマルチ資材との間に風が吹き込んで、マルチ資材が風で持ち上げられて飛ばされないようにすることが大切です。

堆肥などの有機物マルチの場合は問題ありませんが、強風の日にポリフィルムマルチで被覆する場合にはとくに注意が必要です。

## ◆マルチングシートの張り方

1 畝の端にマルチングシートを置き、石などで押さえる。

2 マルチングシートを伸ばし、畝に覆っていく。

**ココがポイント** 巻き棒に棒を差して転がしていくと、1人でも上手に広げられる。

3 畝端までシートをのせたら、畝端より少し長さを余らして端を切る。

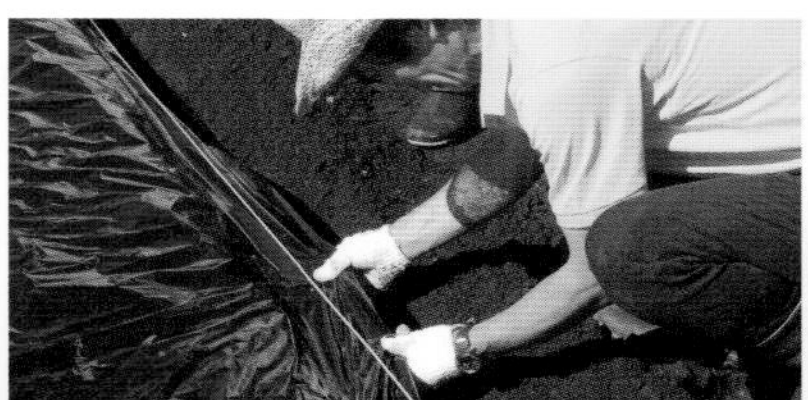
4 シートを引っ張りながら、畝上にシートをきれいに張る。

5 周囲の土をかけてシートの端をおさえていく。

6 マルチングの完了。

**ココがポイント**

片足で押さえながら土を寄せていく。

土づくり❺

## 土壌を改良する〈1〉

# リサイクルで土の活力をアップさせます

鉢やプランターは畑とは違い、植物にとって限られた環境です。植物への水やりや長期間作物を栽培していると微生物の量も減り、団粒の用土が単粒化するなど、土壌構造が崩れて土壌の水はけや保水性が悪くなります。また、肥料のやりすぎや、逆に肥料不足をおこしたりするとｐＨも変化し、植物の生長を妨げます。そこで、作物の植え替え時などのタイミングを見はからって、土壌改良を行いましょう。

## ◆コンテナ用土のリサイクル

❶ 栽培が終わったコンテナから古土を取り出してシートに広げる。

❷ ゴミを取り除き、鉢底石と土を分ける。

❸ ❷の土をふるいにかける。

## リサイクル用土の保管方法

培養土などの植物を栽培する用土は、リサイクルすることで何度も再使用することができます。リサイクルした後は、破れにくい不織布袋やふた付きのバケツなどで保管するのがよいでしょう。また、水分を含んだ用土が太陽光に当たると藻が生えるので、雨除けできる日蔭に保管するようにしましょう。

ココがポイント
使用ずみ土の全体量に対して下記の改良用土を混ぜ込む。

- 小粒の赤玉土（同量）
- 腐葉土（約30％）
- もみ殻くん炭（約10％）
- 珪酸塩白土（約10％）

❹ ふるわれた土に土壌改良用土を混ぜる。

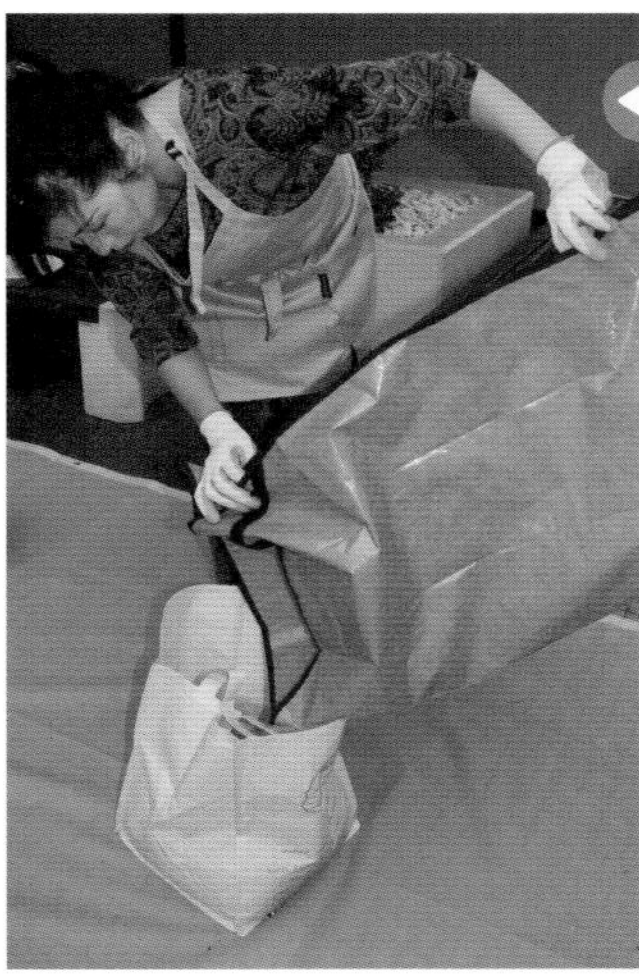

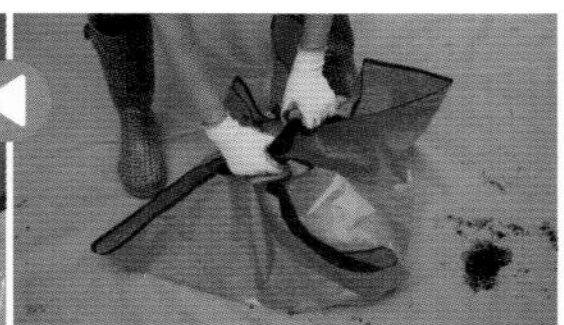

❻ でき上がったリサイクル用土を保管用の袋などに移す。

ココがポイント
破れにくい不織布袋やふた付きのバケツなどで保管するのがよい。

❺ ❷の時点で腐葉土などの土壌改良用土が目立つようなら、赤玉土（小粒）もしくは培養土を少しずつ混ぜ調整する。リサイクル用土の完成。

## 太陽光消毒で完璧なリサイクルを

夏前に古土の再生を行った場合、夏場の強い日光で消毒すれば、雑草のタネや害虫の駆除もできます。

① リサイクル用土に水を混ぜる。土は握って2つに分かれる程度の湿り気がよい。

② ①を不透明なビニール袋に入れ、空気を抜いて口を止める。

③ 太陽光がよく当たるコンクリートの上に1か月ほど放置する。

土づくり⑤

土壌を改良する〈2〉

# 馬力のある肥えた土を目標にします

肥料の多量投入を続けていると、過剰施肥の影響で作物に悪影響を及ぼす。適正な施肥量を守って健康な野菜の収穫をめざそう。

作物にとって快適環境を整えた土壌でも、土壌自体に馬力がないと、その場しのぎの快適環境になってしまいます。また、肥料がふんだんに入っている畑が「肥えた畑」ではありません。人間と同じで、作物にとっても肥料は腹八分目が程よい環境となります。過剰施肥は植物だけではなく、土壌を荒らす原因の一つです。多く施しすぎた肥料を減らし、土壌改良材を加えて土壌環境を整え、土力をアップさせることが大事です。

## 1 保肥力をアップする

土壌は水や空気を貯え、根に供給すると同時に、施された肥料を貯える機能もあります。この機能がある土を「肥もちがよい土」といいます。肥もちがよい土は、作物が肥料を必要なときに供給し、必要でないときは貯蔵することができるため、むだな施肥を行うこともなく、健全な作物を育てることができるのです。

### 肥もちのメカニズム

土壌中の養分の貯蔵庫である腐植はマイナスイオンです。肥料は水に溶けるとプラスイオンとマイナスイオンになります。土壌の腐植が多ければ、マイナスイオンも多くなるため、肥料のプラスイオンを多く吸着し、蓄える養分も増えて肥もちのよい土となります。

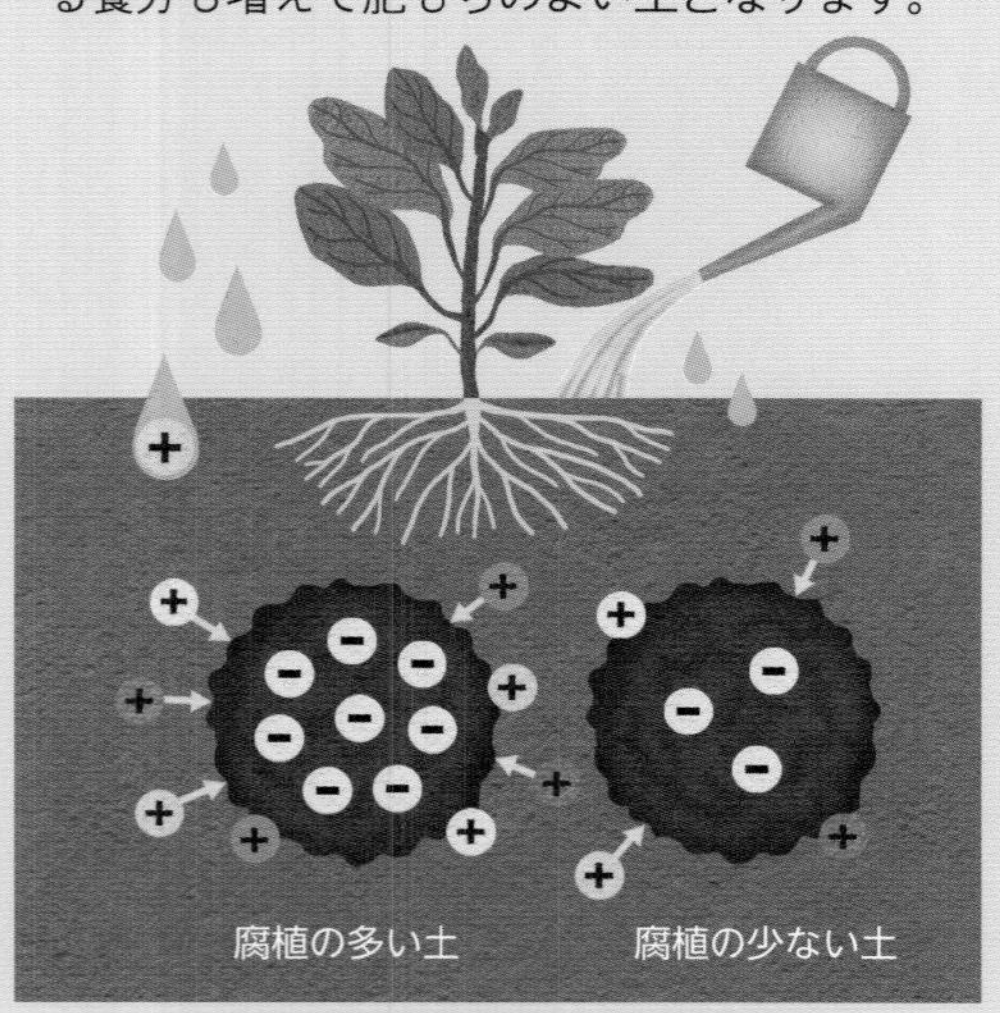

# 肥もちをよくする方法

肥もちのよい土壌にするには、土壌中にマイナスイオン、つまり腐葉土などの有機質を多く混ぜて腐植を増やすこと。それが保肥力アップにつながります。

## 方法1 土壌に珪酸塩白土をまぜる

土壌に混ぜ込んだ珪酸塩白土は粘土質で、土の中の余分な肥料を吸着し、作物が必要とするときに、吸着した肥料成分を手放し、植物に供給する作用があります。

1 畑全体に珪酸塩白土をまく。

2 土中にしっかり混ぜ、レーキで表面をならす。

## 方法2 土壌に腐葉土を混ぜる

土中の腐葉土はたくさんのマイナスイオンの電気を帯びているため、プラスイオンの肥料成分を吸着するので保肥力が増します。

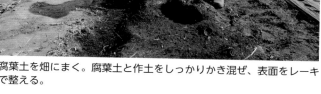

腐葉土を畑にまく。腐葉土と作土をしっかりかき混ぜ、表面をレーキで整える。

# 2 水はけをよくする

家庭菜園で場所によっていつまでも乾きの悪い場所があります。水はけが悪いからといって排水を高める土壌改良剤を混ぜながら耕うんすると、堅くなった深層土が表面に上がりよけいに栽培しづらくなります。そういう場所は思い切って穴を掘り、堅くなった深層土部分に切れ込みを入れて改良します。

深さ50㎝程の穴を掘る。

スコップで穴を掘っていく。深層土が出てきたら、作土の上に積み上げていく。

## 水はけの悪い作土の改良方法

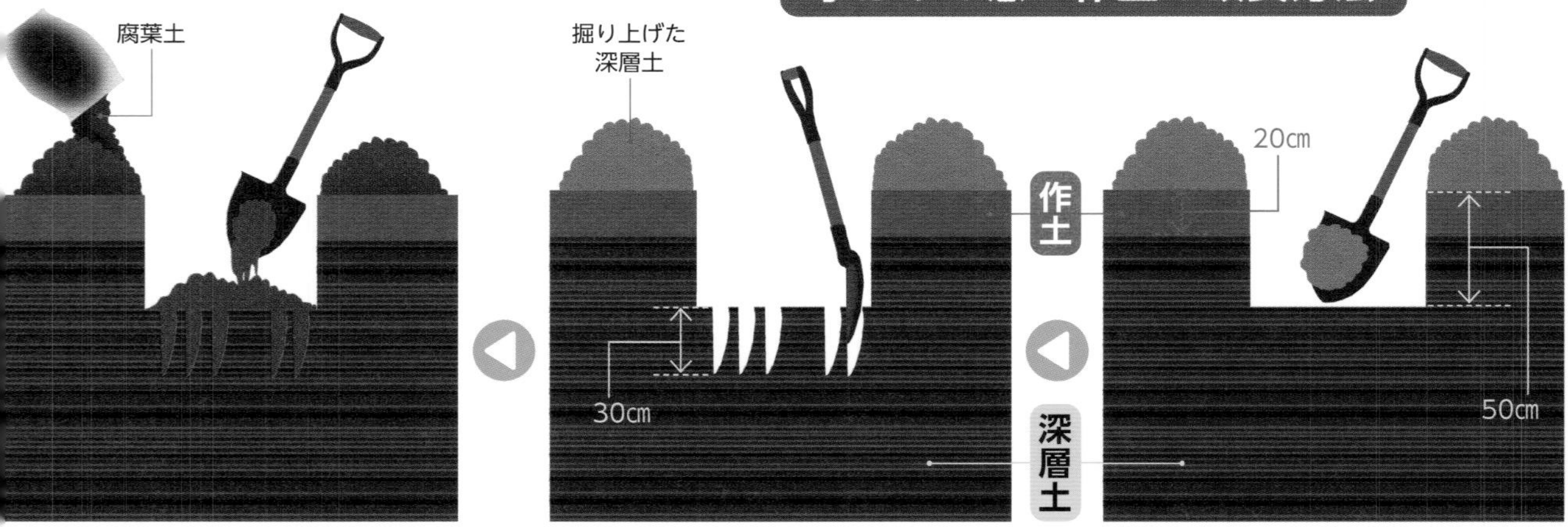


❸ ❷に土を戻す。

❷ 深層土に、スコップの先で30㎝ほどの切れ込みを入れる。

❶ 水はけの悪い場所に50㎝前後の深さの穴を掘る。

**ココがポイント**

掘り上げた深層土に腐葉土を混ぜておくと効果が大きい。

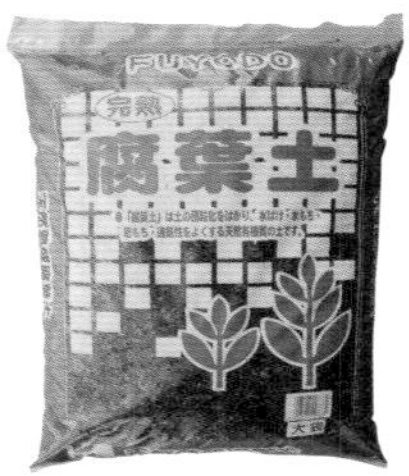


### 簡単にできる水はけをよくする方法

土を掘る作業は重労働。少し楽な方法でも行えます。40～50㎝ほど土を掘ったら、改良用土のパーライトかビーナスライト（➡P34）をネットに入れて厚さ５㎝程度のざぶとんをつくります。それを深層土の上に敷き、その上に掘り上げた土に腐葉土を混ぜたものを戻すだけ。これだけで水はけがある程度改良されます。

# 3 メタボ土を改良する

作物がいつどのくらい肥料を吸収しているのか、実際に見ることができないため、予測で肥料や土壌改良剤を入れますが、常に投入していると肥料過多となって土壌がメタボ化してしまいます。メタボ土で栽培する作物は病害虫に弱く、収穫物の数量、品質も劣ってきます。

トウモロコシ

ライムギ

### ◆肥料吸収が多い作物に過剰な肥料分を吸収させる

肥料分が過剰に蓄積したような畑では、ムギ類やトウモロコシのような肥料吸収の多い作物を栽培し、養分を吸収させて地上部の茎葉部分を刈り取り、土にすき込まずに畑の外に持ち出せば、過剰な肥料分を除去することができます。

## 珪酸塩白土に吸着させる

植物の根は土中でストレスを感じると老化ホルモンのエチレンガスを出します。土中のエチレンガスが多くなると自家中毒をおこし病害虫への抵抗力が落ち収穫量も減ります。土壌に珪酸塩白土（けいさんえんはくど）が混ざっていると、ガスを吸収し土中の空気浄化の役割をはたします。同時に、多肥による土中の不純イオン成分も吸着します。

粒状の珪酸塩白土が扱いやすい。

## 肥料吸収が盛んな野菜

家庭菜園でつくりやすいトマトやブロッコリーは、吸肥力が強い野菜です。吸肥力の強い作物を栽培することで、土中の余分な肥料を吸収させ、メタボ土を改良することができます。

カリフラワー

ブロッコリー

ナス

トマト

土づくり❻

作地をつくる〈1〉

# 土づくりの第一歩は掃除から

❶作地の計画をたてながら、ゴミなどを収集する。

作物を栽培するには、まず植え込む場所の土を整地することから始めます。これまで畑などの作物を栽培していた場所であっても、どんな植物が植えられていたのか、どのような肥料が使われていたのかなど、なかなか調べられるものではありません。そこで原点に戻り「更地（さらち）」と考えて、土づくりから始めます。単なる土を「土壌」という肥（こ）えた作地（さくち）にするには時間がかかります。あせらずにつくり上げていきましょう。

## 1 掃除から始めよう

まず、木の枝や投棄されたゴミなどを収集しましょう。また、作地周辺の樹木など、作物を栽培する際に日陰をつくる枝なども切除します。ごみ収集が終わったら、除草しながら小石を取り除きます。

❷小石は耕運機などに当たると危険。見つけしだい除去する。

❸草は地上部分だけとるのではなく、根からしっかり取り除くようにする。

注意

### 除草するときに気をつけるべき雑草

除草の際に注意しなくてはならないのが、カタバミなどの触るだけでタネをはじけ飛ばす草。タネが飛んでしまうと、新たに発芽するため、また除草作業を行わなくてはならないので、タネをつけているものはそっと取り除きましょう。

カタバミ

# 2 土を耕す〈耕うん・砕土〉

栽培予定地の整理が終わったら土を耕すことになりますが、この作業を「耕うん」といい、掘り起こした土の塊を細かく砕くことを「砕土(さいど)」といいます。長く放置されていた畑も、よく耕すことで硬くなった土に空気が入ってよみがえり、水はけ、通気性のよい団粒構造の土になります。

## 効果 耕うん・砕土

腐葉土や堆肥を施すなどの、作物を植え付けるまでの作業を楽にしてくれます。また、作物が根を伸ばしやすく、収穫まで元気に生育させるための準備作業になります。

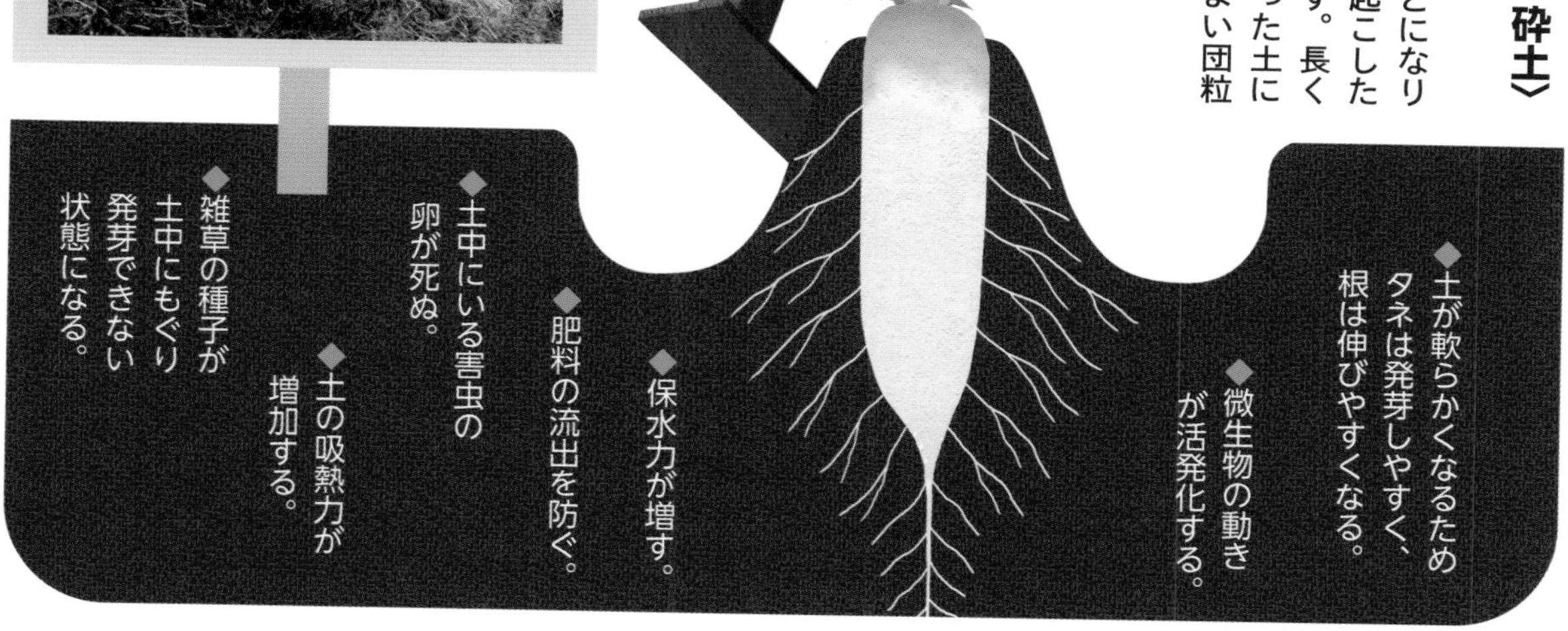

◆土が軟らかくなるためタネは発芽しやすく、根は伸びやすくなる。
◆微生物の動きが活発化する。
◆保水力が増す。
◆肥料の流出を防ぐ。
◆土中にいる害虫の卵が死ぬ。
◆土の吸熱力が増加する。
◆雑草の種子が土中にもぐり発芽できない状態になる。

### ココがポイント

耕うん作業はいつでも行えるが、気温や風など自然条件を利用し効果がアップする時期がおすすめ。冬場休耕する畑は秋、有機物が少なくやせた畑は春が適期となる。秋は冬の寒風や霜で土壌が自然風化し、夏野菜の残さなどが土壌に混ざってpHが調整される。春も早春のからっ風で自然風化される。

## ◆ミニ耕うん機を使う

最近は小型の耕うん機も登場し、整地作業が楽に行えるようになりましたが、耕うんする目的と効果は機械でもクワやスコップでも同じです。耕うん作業では体力もかなり使いますが、やればやっただけ作物を育てやすく収穫量もアップするので、手抜きをせずにていねいに行いましょう。

家庭園芸で人気のあるミニ耕うん機。

# 天地返しで土をリフレッシュしよう

野菜を栽培する場所が極端に粘土質であったり、耕土が浅くて、水はけが悪かったりする場合は、「天地返し」をすることをおすすめします。深さ50～80cmまで掘り下げて、表層土と深層土（心土）と呼ばれる深い層の病原菌が少ない土とを入れ替える作業です。

1

2

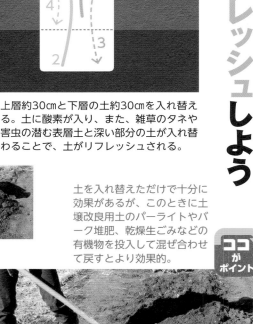

スコップで50～80cmぐらいの深さまで掘り起こす。ベストな深さは80cm～1mぐらい。

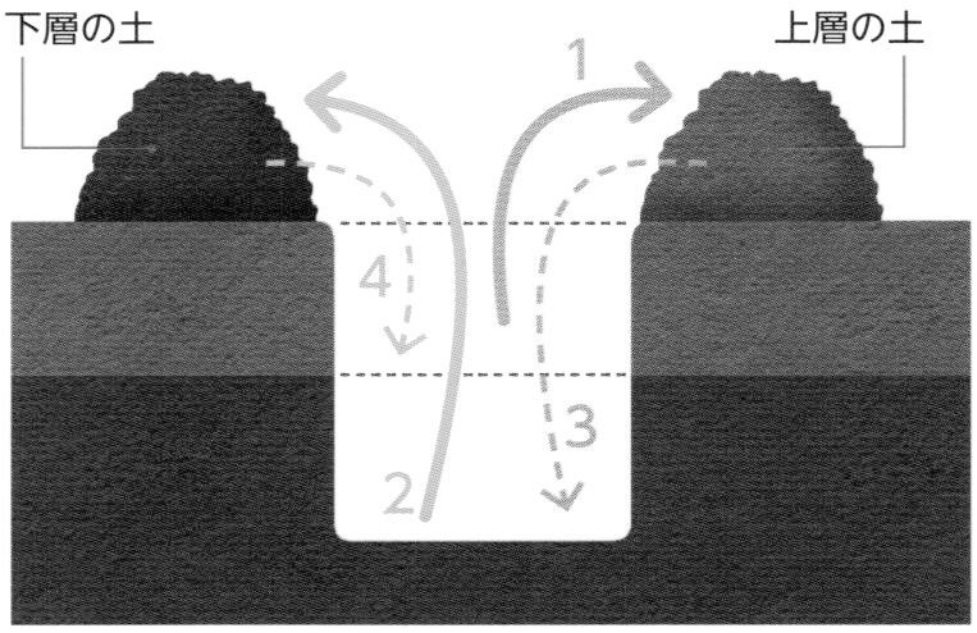


上層約30cmと下層の土約30cmを入れ替える。土に酸素が入り、また、雑草のタネや害虫の潜む表層土と深い部分の土が入れ替わることで、土がリフレッシュされる。

3

30cm間隔を目安に掘り起こしていく。

**ココがポイント**

土を入れ替えただけで十分に効果があるが、このときに土壌改良用土のパーライトやバーク堆肥、乾燥生ごみなどの有機物を投入して混ぜ合わせて戻すとより効果的。

4

目標の深さまで掘り上げたら、先に上層の有機質の多い土を埋め戻し、その上に下層の土を埋め戻す。

5

埋め戻しが終わったら、表面が平らになるように均一にならしておく。

# 3 土をならす

土を耕した後は、土の塊がゴロゴロしています。道具をレーキに変えて砕きながらざっと表面を平らにならしていきます。平らにすることで、有機物やpH調整用資材を投入する作業がまんべんなくでき、全体に混ぜやすくなります。

❶レーキの背で土の塊を砕く。

❷土の塊が小さくなったら、レーキで表面を平らにならしていく。

# 4 有機物を入れる

土壌環境を整えるため、天地返しをしてならした場所に、腐葉土や堆肥などの有機物を混ぜ込みます。有機物の投入で、土壌は空気と水を貯えやすい環境になります。土中の微生物による分解も活発化し、肥料成分が植物に供給されやすくなります。また分解物により土が団粒化され、植物が生育しやすい土壌環境になっていきます。

❶天地返しをして、表面が平らになった場所へ平均的に堆肥をまいていく。

**ココがポイント**

腐葉土などの植物由来の堆肥は1㎡当たり3kg前後、牛ふん堆肥など動物由来の堆肥は1㎡当たり0.5kgを目安に施す。

❷まいた堆肥をクワやスコップで土中に混ぜていく。

**ココがポイント**

50㎝前後深くまで混ぜたい場合はスコップを使用し、30㎝前後の深さの場合はクワを使うとよい。

❸次の作業のために、クワやレーキで表面を平らにならす。

# 5 酸度（pH）を調整する

タネまき、苗の植え付けの2週間前になったら、酸度を測定し、土壌が酸性に傾いているようなら、ここで酸度調整を行います。多くの植物が育ちやすいのは、pH5・5〜6・5の弱酸性から中性土。この範囲にするには、まず土の酸度を測り、石灰質肥料で調整します（⬇P50）。

❶酸度調整資材を、作地面積に対して基準量を平均的にまいていく。

**ココがポイント**

pHを1上げるには、苦土石灰なら1㎡当たり1つかみ（100g）、消石灰なら1㎡当たり半つかみ（50g）が目安になる。

❷酸度調整資材を、クワやスコップで土中に混ぜていく。

❸クワやレーキを使って、表面を平らにならす。

# 6 肥料を入れる

酸度調整が終わって1週間程度したら肥料（元肥）を施して、土の養分のバランスを調整します。元肥はタネをまいたり、苗を定植する際、事前に土に混入しておく肥料。化学肥料の単肥などを上手に使って健康な土づくりをめざしましょう（⬇P106）。

**ココがポイント**

野菜栽培では畝だて作業と施肥は同時に行うことも多いが、ここでは全面施肥で作業を行っている（➡P113）。

❶表面が平らになった場所へ、植え込む野菜に適する肥料、作地面積に適切な量の元肥をまく。

❷まいた肥料をクワやスコップで土に混ぜる。

❸クワやレーキで表面を平らにならす。

# 7 作地に仕上げる

有機物、肥料などを混ぜ込んだ場所をレーキを使って表面を平らにしながら土の塊(かたまり)を崩してきれいに仕上げます。仕上げをすることで、畝づくりやマルチング、苗の植え付けなどの作業がスムーズに行えます。

❶面を平らにしながら、レーキにひっかかってきた小さい土の塊を砕く。

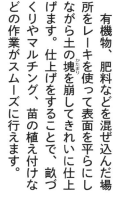

❷レーキで表面を平らにして整える。

ココがポイント
手の力、角度を同じ状態に保って行うと表面が波打たず、きれいに仕上がる。

❸表面が整えられ、作地の土台が完成。1週間を目安にタネまき、苗を植え付ける。

## 中耕で通気と水はけを改善する

野菜は草花にくらべ、苗の植え込みから収穫までの期間が長くなります。植え込んでそのままにしておくと、株元の土が固くなるため、栽培途中で株元の土をほぐしてやります。この作業を「中耕(ちゅうこう)」といいます。

中耕は除草や追肥とかねて行われる。根を切らないように株元から少し離れた場所を、クワで引っかくように軽く耕す。

### 効果 中耕の役割

1. 酸素が供給されやすくなる
2. 水や肥料が吸収されやすくなる
3. 株の倒伏を防げる
4. 株周囲の除草ができる

# 畝だてして野菜づくりの準備完了です

野菜のタネをまいたり苗を植え付けるために、土を細長く盛り上げた場所を「畝（うね）」といい、クワやレーキを使って畝をつくることを「畝だて」といいます。野菜などの作物はこの作業を行いますが、つくる野菜によって幅や高さが異なります。

## 1 畝づくりの目的

畝づくりをする目的は、土壌の水はけや通気性をよくすることです。また、間引きや定植、除草などの作業を容易にしたり、狭い栽培面積を有効に利用する手立てでもあります。

畝の幅や高さは、栽培する野菜の種類や土質、日当たり、畝にかけるマルチ資材の規格幅などを考慮に入れて決める。

## 2 畝の幅と高さ

畝幅は収穫期に葉が重なって日当たりが悪くならない程度の間隔をとるのが原則です。畝の高さは、水はけの良し悪し、乾燥を好む野菜か好まない野菜かによって決めます。

### ◆畝の種類

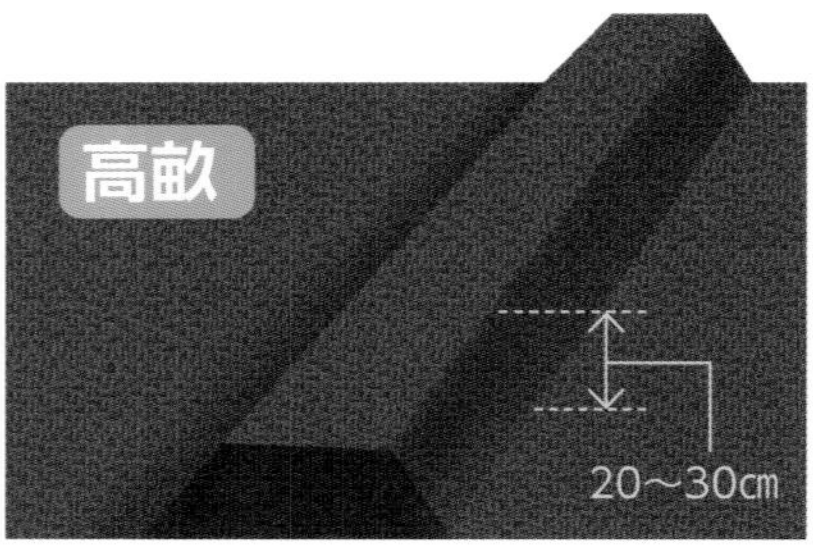


水はけの悪い畑や地下水位が高い畑に適す。排水や通気がよいので、サツマイモなどの乾燥を好む野菜に向く。

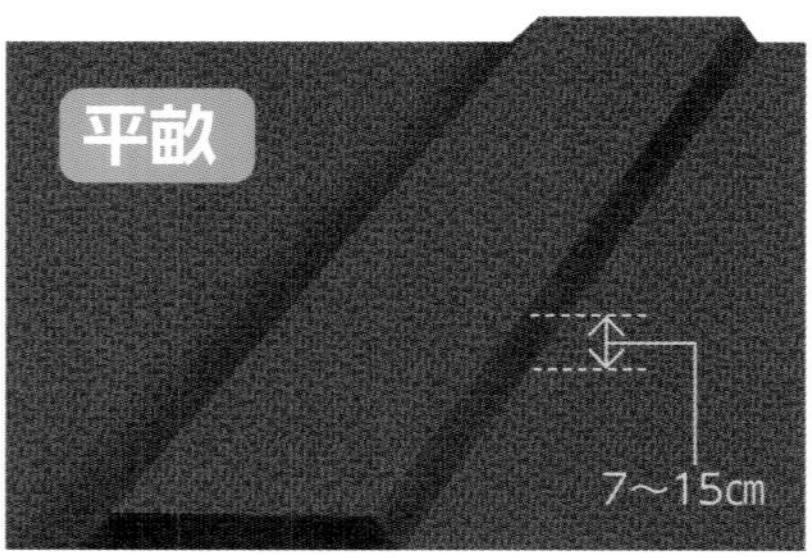


一般的な畝。水はけのよい畑に適す。土壌水分を好む野菜に向く。

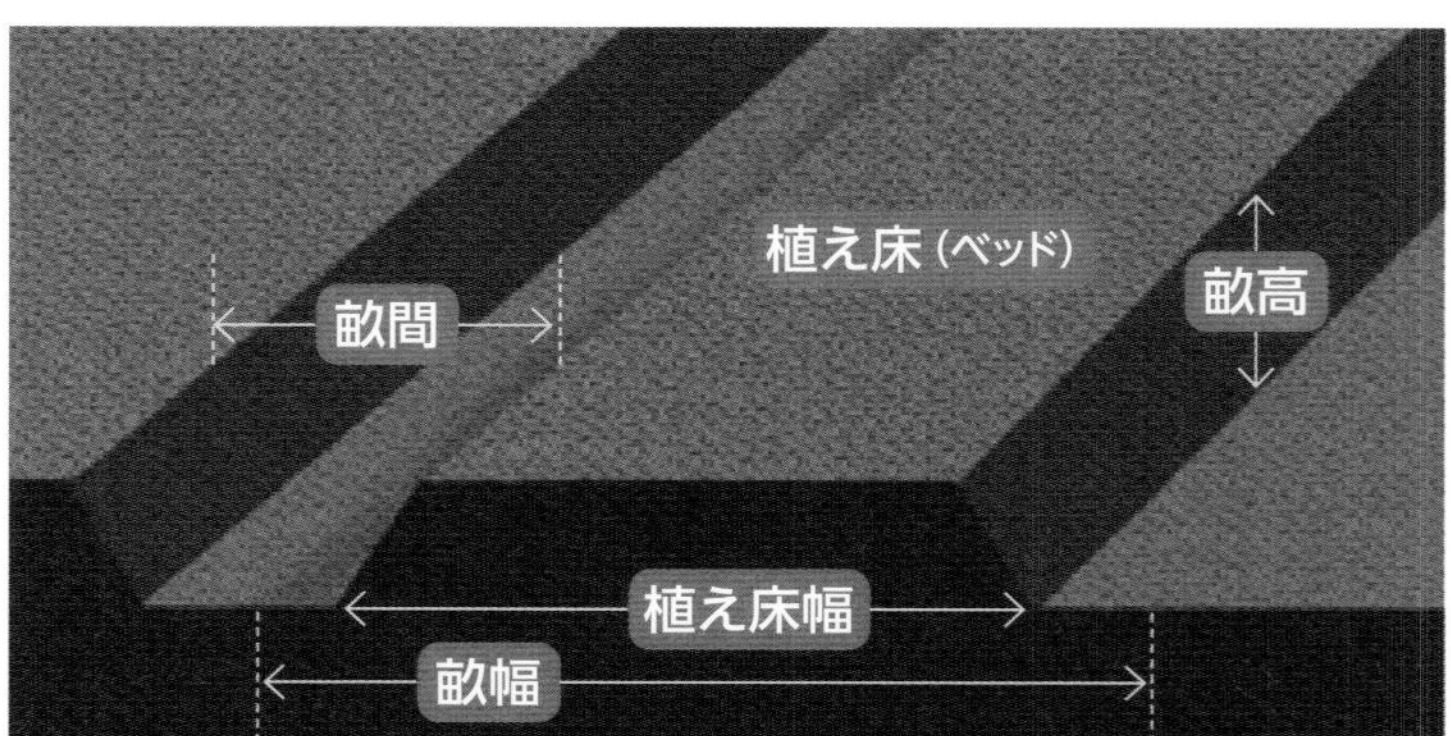


### 畝の構造と名称

おすすめの畝幅は120㎝、植え床幅は90㎝、このサイズだと、ほぼすべての種類の野菜に対応できる。

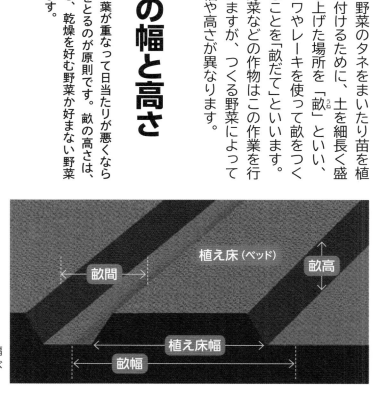

# 3 畝だてをする

野菜のタネをまいたり、苗を植え付けるために、クワなどで土を盛り上げて畝をつくるのが畝だてです。

❶作付け予定地の畝および通路の寸法を決め、支柱などをさしておく。

❷ ❶の支柱にひもを張る。

❸畝の両脇にひもを張り終えたら、クワで畝だてをしていく。

ココがポイント

紐に沿ってまっすぐ溝を掘るようにして、土をひもの中に盛り上げていく。

❹畝の表面をレーキで平らにする。

❺さらに、板などを使って平らにならす。

❻畝の完成。

# コンテナ栽培の土づくりに挑戦してみましょう

日当たりのよいベランダやテラス、屋上などにコンテナ（容器）を置くちょっとしたスペースがあれば、畑や菜園がなくても手軽に野菜づくりが楽しめます。

ただ、畑とは違って鉢といった限られたスペースとなるため、とくに土壌環境については、気をつかわなければなりません。水はけと通気性のよい土づくりをすることが大事です。畑や菜園と同様にコンテナ栽培でもオリジナルの土づくりに挑戦してみましょう。

## 1 コンテナ栽培での注意点

鉢植えの植物は数年たつと、鉢の中は生長した根でいっぱいになり、土壌環境が崩れてきます。その結果、酸素や肥料、水分の欠乏状態となり、根腐れなどを起こしやすくなります。そこで、土壌改良をかねた土づくりが必要になります。

### 鉢の土壌環境の変化

**毎日の水やり**

毎日の水やりで土がしまりやすくなる。

↓

**団粒構造がくずれる**

水はけや通気性が悪くなる。

↓

**酸欠状態になる**

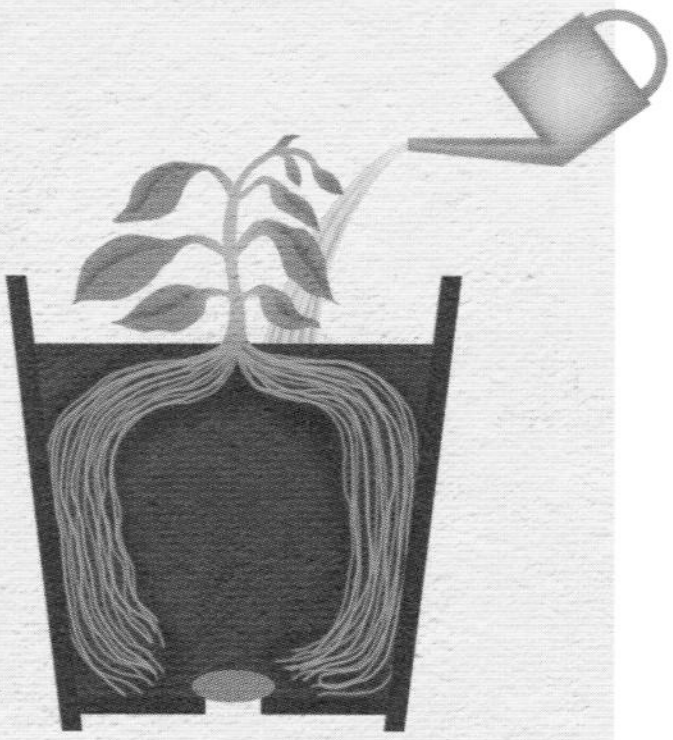

---

**鉢の限られたスペース**

根はどんどん生長し、根づまりを起こす。

↓

**根の生長が制限される**

根の生長が鉢の大きさで制限される。限られたスペースの中で根づまりを起こす。

↓

**保水性が劣ってくる**

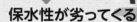

水はけや通気性がよく、有機質に富む適度の保水性がある土で野菜はよく育つ。

# 2 自分で土をブレンドする

基本となる用土として赤玉土（小粒）、あるいは黒土を使用します。この用土だけでは、通気性、排水性などが悪いため、改良用土としていくつかの用土をブレンドします。ブレンド用土として利用するのは、よくふるって細かくした腐葉土、バーク堆肥、ヤシの実繊維、くん炭、珪酸塩白土など。堆肥は肥料成分が少なくにおいが少ないものを使用します。

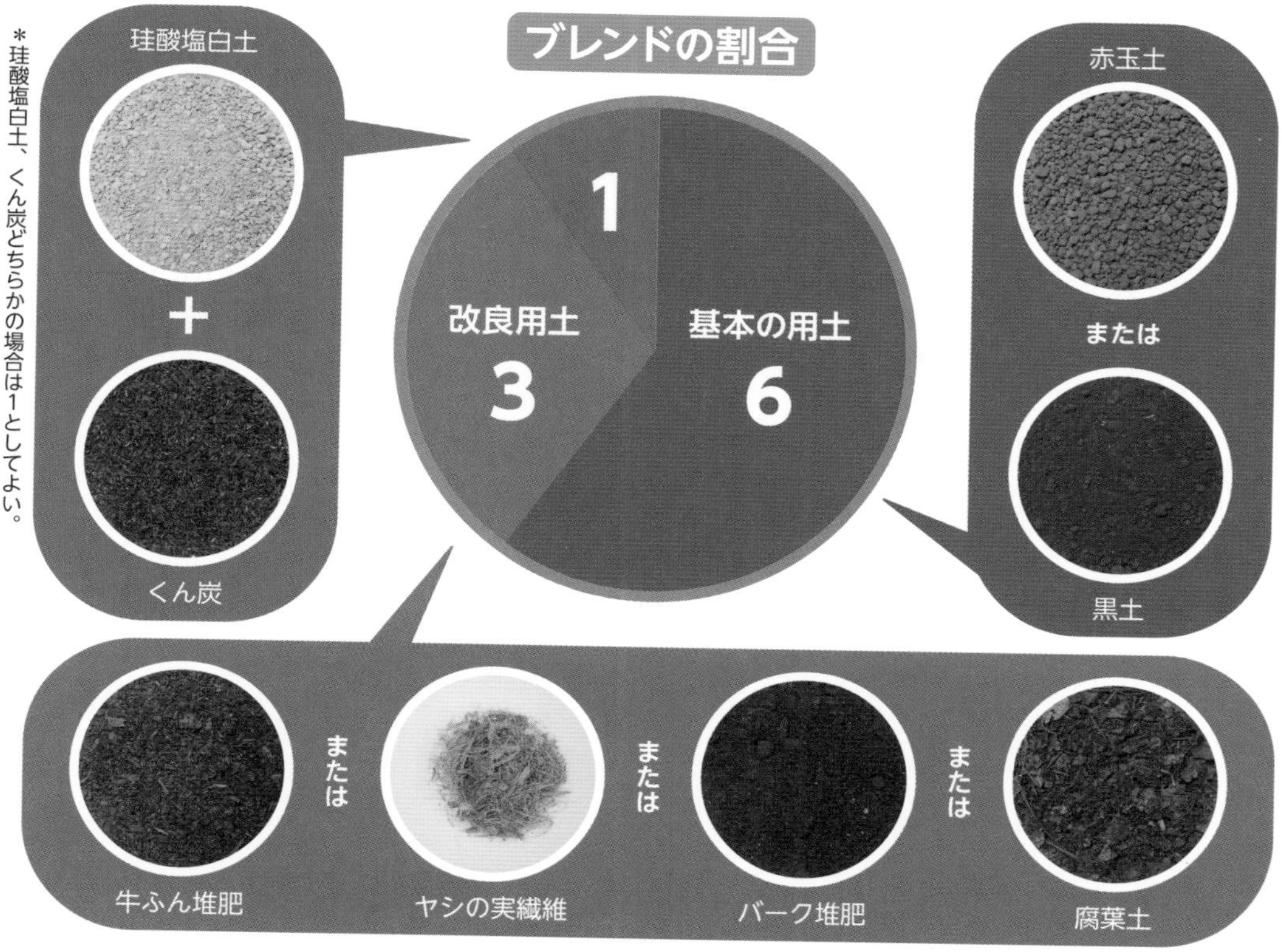


＊珪酸塩白土、くん炭どちらかの場合は1としてよい。

## コンテナへの土入れ

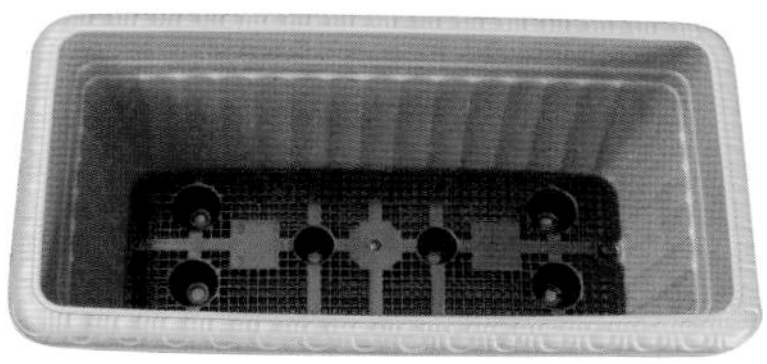

❶脚をつけた底上げ網と一体になったプランターは鉢底石は不要。直接土を入れてよい。

❷ウォータースペースをとって、縁から2㎝くらい下まで用土を入れる。

### 便利な底面給水鉢

水をほしがる野菜には、底面給水鉢を利用すると水切れの心配がない。

**ココがポイント**

ウォータースペースはコンテナの上部に水がたまるようにした空間。この空間がないと水やりの際に、水と一緒に土が流れ出てしまう。

土づくり⑦

コンテナ栽培〈2〉

# 市販の培養土を購入するのが最も手軽です

園芸店やホームセンターの土売り場には花と野菜の培養土、野菜専用用土、トマト専用用土などあらかじめブレンドされている用土が数多く並んでいます。コンテナでの野菜栽培の場合、限られたスペースであり、連作障害などを避けるためには、同じ用土をずっと使用するのではなく、苗の植え替え時、一度使用した用土は再生作業（⬇P58）を行って半年ほど休ませるようにします。その間は別の用土で野菜栽培を楽しむとよいでしょう。

## 1 市販の培養土購入のチェックポイント

市販の培養土には、野菜用、鉢花用、ハーブ用などたくさんの種類があるので、目的にあったものを選びますが、肥料成分や酸度調整の有無など、袋の表示をしっかり確認しましょう。

また、日の当たる売り場で見かけますが、袋内に緑の藻が生えていたり、水滴が多量についているものはカビがきている場合があるので避けましょう。

市販の培養土は、ブレンドする手間が省け、袋を開けたらすぐ使えるので便利。

### ◆肥料が入っているかを確認する

元肥が入っているにもかかわらず、植え付け時に元肥を施してしまうと、肥料過多になりかねない。また肥料入りでも、「元肥を混ぜるとよいでしょう」など記載されているものは、肥料成分が少ないことがある。その場合は、元肥を混ぜるか、追肥でフォローしていく。

### ◆酸度調整の有無を確認する

野菜の適正な酸度（pH）は5．5～6．5。pH調整してある培養土かどうかを確認する。酸度調整ずみのものは石灰資材を入れなくてよい。

### ◆ブレンド内容を確認する

袋を持ち上げて、あまりにも軽い土はピートモスの含有量が多ことがある。ピートモスが多いと、水の管理に手間がかかるので、ある程度重さのあるものを選ぶ。軽量なものの場合は基本用土を混ぜ、重さを出して使用する。

### ◆みじん（微塵）の多いものは避ける

袋の底に粉のような土（みじん）がたまっていると、土の粒と粒の間にみじんが入り込んで通気性、排水性を妨げる。

### ◆製造表示の有無を確認する

メーカー名と製造場所（連絡先＝責任の所在）も確認する。きちんとした表示がないものは品質の信頼性に乏しい。

植え替えされずに放置された鉢植え。

### 土の危険信号を見極めよう

こんな状態になったら土の危険信号。植え替えるなど、すぐに対処しましょう。

**その1** 土の表面を見てみましょう。表面に根が見えている場合、土中の根が繁茂していることが考えられます。

**その2** 土の色、粒などを見てみましょう。何年も植え替えられずに放置されている鉢の土はパサパサして白っぽく、土の粒もない状態です。

**その3** 株元だけ表面がへこんでいませんか？

**その4** 鉢の上部や内側に白い粉が付着している場合、塩類が集積しているので植え替えが必要です。

## 2 市販の培養土の改良

市販の培養土の袋を開けたところ、カビ臭かったり、重量的に軽すぎるといったことがあります。こうした場合は、ほかの用土を混ぜて使いやすく改良する方法があります。

### 改良方法 1

軽すぎて重さがほしい培養土には、赤玉土（小粒）を混ぜて重量調整する。

### 改良方法 2

カビ臭いにおいがする場合は、培養土に何が入っているのかわからない。そういう場合は、珪酸塩白土を入れて不純物を珪酸塩白土に吸着させる。

### 改良方法 3

パサパサした、いかにもやせてる培養土は腐葉土を入れて調整する。

土づくり⑦

# コンテナ栽培〈3〉

# タネまきにはタネまき専用用土が最適です

植物のタネは、人間の赤ちゃんと同じで無垢（むく）な存在。タネまきの際に使用する用土は、再生用土や一度使用した土などは使わずに、発芽しやすい新しい土を用います。赤玉土（極小粒）を使用してもかまいませんし、タネまき専用用土を使用してもよいでしょう。タネまき専用用土は、発芽条件に適したブレンドになっています。微量の肥料が含まれているものもあります。

## 1 専用用土の特徴

専用用土を使用すると、発芽までの管理が楽に行えます。

### タネまき専用用土

発芽しやすいように微粒の各種用土がブレンドされており、どんなタネでもまきやすい。

### 板状のピートモス資材

ピートモスを圧縮させたもので、使用するには水をしっかり含ませてよくふくらませる。細かい粒のタネまきに適する。

### 赤玉土

（極小粒もしくは小粒）専用用土にくらべ粒が大きく、肥料分は含まない。タネの粒が大きいものに適する。

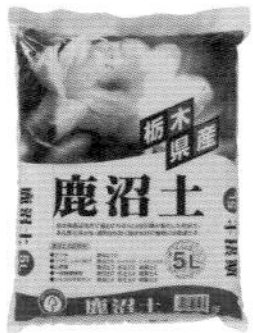


### 鹿沼土

（小粒）専用用土にくらべ粒が大きく、肥料分は含まない。赤玉土より軽量だが酸性が強い。タネの粒が大きいものに適する。

### バーミキュライト

（小粒〜中粒）

赤玉土、鹿沼土にくらべて軽量だが、保水性が高いので水管理には注意する。肥料成分は含まない。

**ココがポイント**

単用用土をブレンドしてタネまき用土をつくる方法もある。単用用土だけより、ブレンドすることで保水性、排水性がぐんと改良されるので、タネまきだけでなく、タネまき後の管理も行いやすい。肥料成分は含まない。

| 赤玉土 | | バーミキュライト | | ピートモス |
|---|---|---|---|---|
| 6 | ： | 3 | ： | 1 |

# 2 タネまきの方法

基本となる3つのまき方を覚えておくと便利です。タネは発芽しなかったり、生長しない場合もあるので少し多めにまき、間引きしながら育てます。

## 発芽の条件

用土の中に温度、水、酸素が適度に含まれていると、タネは目を覚まします。3つのバランスがとれていないと発芽に至らず、タネは使い物にならなくなります。

ラディッシュの発芽

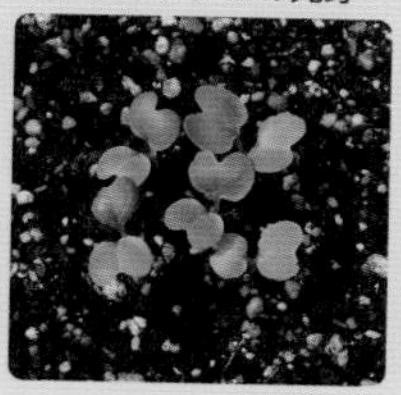

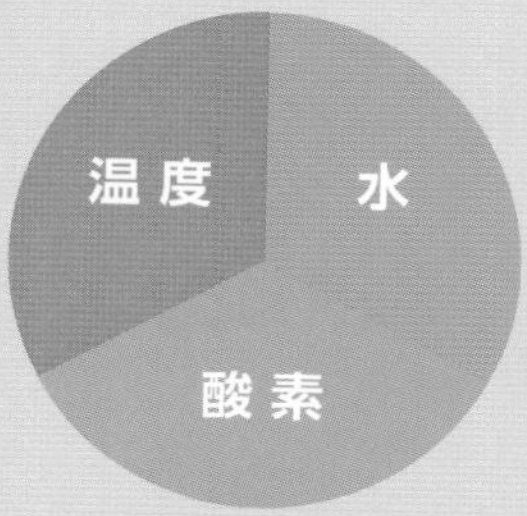

タネは発芽する。

タネは水を含み膨らむだけで、発芽はしない。

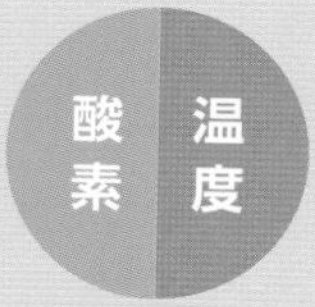

タネは発芽せず、そのままの状態。

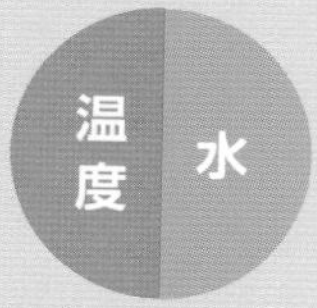

タネは膨らむが、そのままの状態で腐る。

### ばらまき

溝やくぼみをつけずに、コンテナ全体にぱらぱらとタネをまく方法。ベビーリーフなど、小さな苗のうちから間引きながら利用する葉野菜やラディッシュなどに向く。

❶親指と人差し指をひねるようにして、タネが重ならないようにぱらぱらとまく。

❷まき終わったら、ふるいで土をふるいながら細かい土を上から均等にかける。

❸手のひらで軽く押さえて、タネと土を密着させる。

### 点まき

あらかじめ一定の間隔をあけて、1か所に数粒ずつタネをまく方法。間引きも手軽にできる。ダイコンやトウモロコシ、ハクサイ、インゲンなどのタネの大きな野菜に向く。

❶ビンのふたなどを利用すると、大きさのそろったくぼみがつけられる。

❷くぼみの中に、数粒のタネを間隔をそろえてまく。

❸くぼみの周囲の土を寄せるようにかぶせ、手で押さえて土とタネを密着させる。

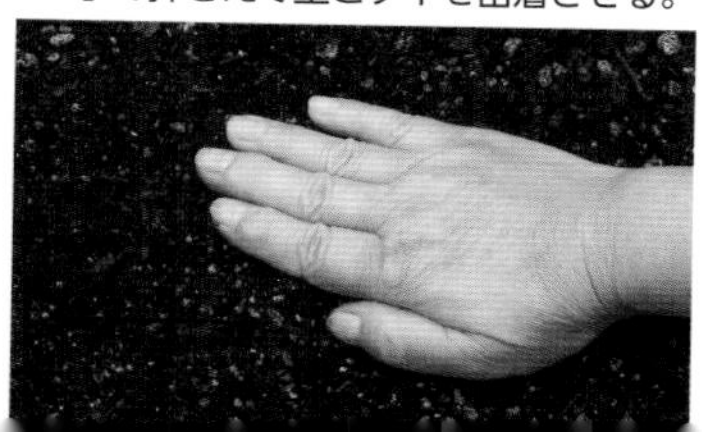

### 条まき

まき溝にタネが重ならないように1列にまく方法。発芽後の間引きや追肥などの作業が楽にできる。ニンジンやカブ、ホウレンソウ、コマツナなど多くの野菜に向く。

❶支柱などの細い棒を利用すると、まっすぐで均等な深さのまき溝ができる。

❷まき溝に1㎝の間隔をあけて、1粒ずつタネを落としていく。

❸まき終えたら均等に土をかけ、手のひらで軽く押さえてタネと土を密着させる。

# 肥料の章

植物も私たちと同じ「生き物」ですから、食事をします。
根から吸収した水と太陽の光で、光合成をしますが、
それだけでは栄養が偏ってしまいます。
肥料を施し、バランスのとれた養分で育てれば、
病害虫に対して抵抗力のある丈夫なからだができます。
肥料は土壌づくり、つまり植物の生活環境の改善にも役立っています。
適正な施肥によって、雨風や暑さにも耐えた、
元気なからだから生まれた、自然界のパワーと栄養が
いっぱいつまったおいしい野菜を味わうことができるのです。

肥料の基礎知識

肥料の役割と分類〈1〉

# 肥料は野菜の生長に欠かせない栄養補給源です

肥料を施す目的には大きく二つあります。植物にとって肥料は、わたしたちの「食事」と一緒です。水と光で光合成をし、エネルギーをつくっていますが、それだけでは栄養が偏るため、肥料を施すことで栄養バランスを整えます。

もう一つの役割は、土を守るということ。枯死した植物はその場所の土に戻ることで、からだに残った養分が次の植物に還元するため、微生物が分解しながら土を肥やし、土壌環境を守っています。しかし、コンテナや畑などの人手が入る場所では自然の環境が崩れやすくなります。そこで、肥料を施し、環境改善する必要があるのです。

## 1 循環で土を守る

公園や街路などの植物に肥料を施している光景を見ることはあまりありませんが、元気に生長し花を咲かせ実をならせています。これは自然界の循環によって適度な肥料成分が補充されているからです。

道端のタンポポなどは枯死して土に還る際、体に残っている養分もそのまま土中に残します。枯死した植物を、小動物や微生物が分解し、植物が吸収できる養分という姿に変え、植物は養分を吸収することでわざわざ肥料を施されなくても生長することができるのです。この循環で土壌には有機物が入って肥え、生態系を維持する環境につながります。

## 2 養分補給

野菜をつくるにあたって、農家が肥料を施さないということはまずありません。野菜は、土壌に含まれた養分を吸収して大きく育ち収穫され、人々のエネルギー源となりますが、そのぶん、土壌の養分は減り、土はやせてしまうからです。そうした土壌では、微生物の繁殖も期待できません。土づくりで有機物を混ぜ、植物の養分として肥料を施さなくてはならないのです。

# 3 肥料の分類

園芸店の肥料売場へ行くと、多種多様の肥料が並んでいます。無機質肥料（化学肥料）などはどれもが同じのように見えますが、肥料成分、肥料の効き方によって施す量、時期も違ってきます。それぞれの特徴をよく知って、目的に合った肥料を選びましょう。

## 肥料

### 自給肥料

自分でつくって使用する肥料。堆肥も含む（➡P94）

### 購入肥料

販売肥料。園芸店などで販売されている肥料

## 有機質肥料

（➡P91）

### 動物質肥料

原料が動物からできている肥料（➡P93）

### 植物質肥料

原料が植物からできている肥料（➡P91）

## 無機質肥料

〔化学肥料〕（➡P96）

化学合成によってできた肥料

### 複合肥料

窒素、リン酸、カリウムの３要素のうち２種類以上の成分を含む肥料（➡P100）

### 単肥肥料

窒素、リン酸、カリウムの３要素のうち１種類の成分だけの肥料（➡P96）

## 肥料の形状

### 液体肥料

- 希釈・希釈済み
- 粉末
- 液体肥料

### 固体肥料

- コーティング
- 顆粒
- 粒
- 錠剤

## 肥効の遅速 （➡P108〜）

### 遅効性肥料

効果が表れるのは遅く生育後半に肥効が出てくる。元肥向き肥料

### 緩効性肥料

効果が少しずつ表れ長期間肥効が続く。元肥向き肥料

### 速効性肥料

水に溶けやすく効きめがすぐに表れる。追い肥向き肥料

肥料の基礎知識

肥料の役割と分類〈2〉

# 植物が必要とする肥料成分は17種類あります

植物は生長していくための栄養分を光合成によって生成しますが、それだけでは養分がかたよってしまい、生育に支障が出てきます。植物のからだを構成するために必要な成分としては17種類の要素が必要とされ、これを「必須要素」または「必須元素」と呼びます。そのうちの14種類は、根から養分として取り込まれますが、これらは畑では人が補給しないと不足するので、肥料として施す必要があります。これらの要素は作物が吸収する必要量の大小によって、「多量要素」と「微量要素」に分けられます。

## 自然界から吸収できる

## 3要素

必須要素のうち、水素、酸素、炭素は、葉や根を通じて吸収するので、通常は肥料として施しません。この３要素は水や有機物をつくりだす要素として、植物の生育のもとになる重要な役目をはたしています。

### 水素 H

水から吸収されます。水は細胞の浸透圧・膨圧を保ち、作物体内の成分の合成や分解をすすめ、養分吸収と養分の移行に関係しています。

### 炭素 C

呼吸作用の際、二酸化炭素として吸収されます。根から吸収された水と二酸化炭素とともに、光合成によってでんぷんの生成を行います。

### 酸素 O

呼吸作用、吸収した水から酸素を吸収します。炭素と同様に、呼吸作用、光合成には欠かせない要素です。

## 少量だが生育に不可欠な

# 7要素

多量要素より必要量は少量ですが、生育には不可欠な要素を「微量要素」と呼びます。マンガン、銅、亜鉛、ホウ素、モリブデン、塩素、ケイ素の７要素をさします。

### 微量要素 （➡P88、89）

- ケイ素 Si
- 塩素 Cl
- モリブデン Mo
- ホウ素 B
- 亜鉛 Zn
- 銅 Cu
- マンガン Mn

## 生育に大量に必要とされる

# 10要素

植物の生長で大量に必要とされるのが「肥料の三要素」といわれる、窒素、リン酸、カリ。次いで必要量の多いカルシウム、マグネシウム、イオウ、鉄に酸素、炭素、水素を含む10要素を「多量要素」と呼びます。

### 多量要素 （➡P84〜89）

- 鉄 Fe
- イオウ S
- マグネシウム Mg
- カルシウム Ca
- カリ K
- リン酸 P
- 窒素 N

※多量要素＝酸素、炭素、水素を含む10要素

## 有用元素

必須要素ではありませんが、植物によって生長に必要とする元素を「有用元素」と呼び、４種類があります。

**ナトリウム**（Na）テンサイの生育に必要な元素。
**アルミニウム**（Al）チャの生育を促進する。大半の植物は有害成分。
**コバルト**（Co）マメ科の植物など、窒素を固定する植物に必要な元素。
**セレン**（Se）植物にとっては必要ないが、家畜に必要な成分なため、飼料用に栽培する植物に施す。

# 肥料に欠かせない重要な3つの養分は窒素、リン酸、カリ

植物の生長に必要な養分には窒素、リン酸、カリ、カルシウムなど、17もの要素があります。そのなかで窒素（N）、リン酸（P）、カリ（K）は、土の中に少ないことから必ず補給しなければならない重要な養分で、「肥料の三要素」とも呼ばれます。それぞれの要素が、植物のどの部分に、どのように働くのかを知っておきましょう。

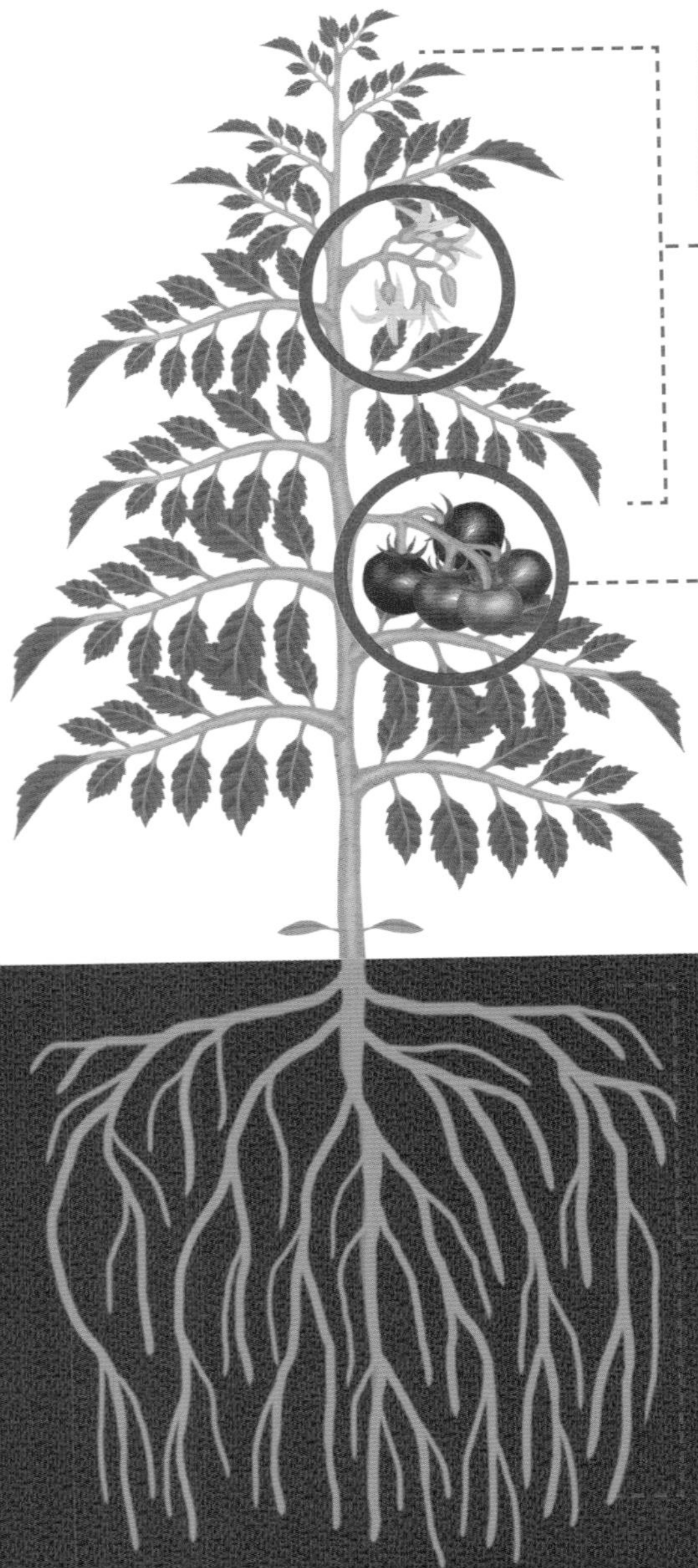

## N 窒素

「葉肥」ともいわれ、植物の生長を促進し、葉色が濃くなる。ただ与えすぎると軟弱な株となり、花や果実のつきが悪くなる。不足すると葉色が淡くなって、全体的に黄ばんでくる。

## P リン酸

「花肥」「実肥」ともいわれ、開花や結実を促進する。また、暑さや寒さに対する抵抗力が増す。不足すると生育が悪くなり、開花や結実数も少なくなる。

## K カリ

「根肥」ともいわれ、植物を丈夫にする。不足すると根の生長が悪くなり、環境変化や病害虫に対する抵抗力が弱まる。

## 肥料袋にある数字の意味は？

肥料の袋には、肥料の三要素の配合が数字で表記されている。写真のように「5−5−5」とあるのは、窒素、リン酸、カリがそれぞれ100g中に5gずつ含まれていることを示している。

# 窒素 N

## 「葉」の肥料

窒素は「葉肥」ともいい、葉、茎の生育に関係するもっとも重要な肥料成分です。養分の吸収を促進したり光合成を盛んにするなど、植物のからだのあらゆるところで働き、植物の基本的な生育に大きな影響を与えます。

窒素の形態によって、アンモニア態窒素（硫安など）、硝酸態窒素、有機体窒素（油かす、魚粉、尿素など）があり、肥効に違いがあります。植物が吸収できるのは、アンモニア態窒素と硝酸態窒素で、有機態窒素のままでは吸収できません。

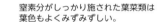

窒素分がしっかり施された葉菜類は葉色もよくみずみずしい。

### 窒素肥料の過不足現象

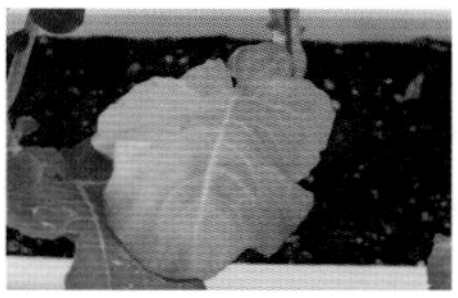

●窒素肥料は雨や水みずやりで流出したり、蒸散して欠乏を起こしがちです。そのため、過剰に施してしまう傾向があります。しかし、与えすぎると軟弱で徒長した植物になり、病害虫にも侵されやすくなります。
●欠乏すると葉色が薄くなり、花つきが悪くなったりして生育が衰えてきます。生長過程を見ながら適量を施すように心がけましょう。

### 窒素肥料過剰で現われる症状

- ●軟腐病にかかりやすい。
- ●蕾が落ちたり、果実が熟さないうちに落ちる。
- ●果実の大きさにばらつきが出る。
- ●つるボケになる。
- ●風害を受けやすい。

### 窒素の形態の変化

窒素肥料は施肥後、土中の微生物や細菌により、形態を変え植物に吸収されやすい状態になります。

有機体窒素（油かす、魚肥など）→［土中の微生物が分解］→ アンモニア態窒素（硫安、塩安など）→［土中の亜硝化菌が分解］→ 亜硝酸態窒素 →［土中の硝化菌が分解］→ 硝酸態窒素（硝安、硝酸石灰など）

- 有機体窒素：作物は吸収できない
- アンモニア態窒素：作物は吸収しにくい
  - ●土壌に吸収保持されやすい。
  - ●過剰に施すとアンモニアガスが発生。
- 硝酸態窒素：作物は吸収しやすい
  - ●土壌に吸収保持されにくい。

# リン酸 P

## 「花」「実」の肥料

リン酸は花や実をつける成分で、エネルギー伝達の基本的な役割もはたしています。ただし、肥料成分が土壌に吸収されたり、土中で不溶性リン酸に変化するため、植物に吸収される割合は他の成分より低いのが欠点です。

有機質肥料、無機質肥料によってリン酸成分は異なり、有機質肥料は「有機態リン酸」、無機質肥料は「無機態リン酸」で、植物は有機態リン酸の状態では吸収できません。そこで土中の微生物が分解し無機態リン酸に変化して養分として吸収されます。

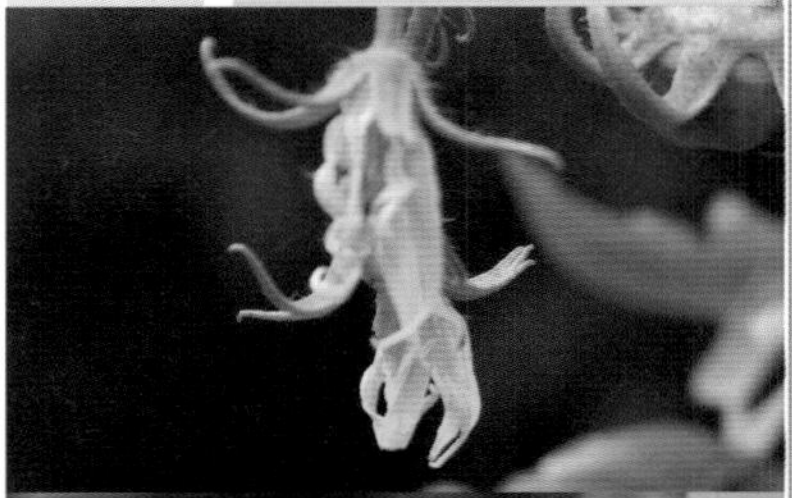

リン酸分がしっかり施されていれば、花や実の数も増えて収穫物の成熟が早まる。

### リン酸肥料の過不足現象

- リン酸が不足すると、細胞分裂が衰え、たんぱく質の合成や光合成も衰えるので、植物の生育が悪くなります。生育の初期からしっかり施すことがポイントです。欠乏症状が出てからの補給では手遅れになるとが多くなります。
- 過剰に施した場合は、突然、葉が黄化するなどの症状が現れることもありますが、リン酸肥料過剰によるものなのが、外観から判断するのは難しいといえます。

### リン酸肥料欠乏で現われる症状

- 下葉から黄化し枯れていく。
- 葉色のつやがなくなる。
- 花数が少ない。
- 実数も少なく小ぶりになる。

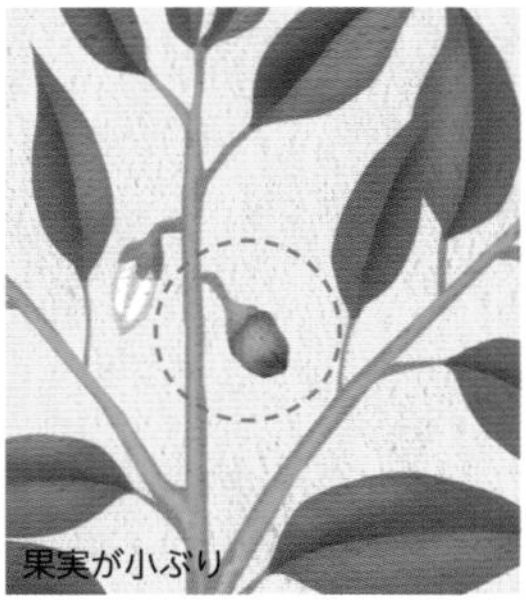


### リン酸の形態の分類

作物が成分を吸収しやすいかどうかよって、無機態リン酸の形態は以下のように分類されます。

| 水溶性リン酸<br>(過リン酸石灰など) | 可溶性リン酸<br>(苦土重焼リンなど) | く溶性リン酸<br>(よう成リン肥など) | 不溶性リン酸<br>(骨粉など) |
|---|---|---|---|
| ●水によく溶ける。速効性。作物は吸収しやすい。 | ●還元環境など特殊な環境で溶ける。 | ●酸性土壌や、根酸に触れたとき溶ける。 | ●水や薄い酸に溶けるが、溶けるまで時間がかかる。 |

多量要素

# カリ K

## 「根」「細胞」の肥料

カリは「根肥」ともいわれ、根の生育に必要な要素です。窒素やリン酸肥料のように、植物の構造をつくりあげる成分ではなく、浸透圧やｐＨなどを正常に保つのに必要な成分で、多くの生理作用に影響します。

たとえば、葉や分裂組織に含まれているため、光合成、とくにでんぷんの集積やたんぱく質の合成、細胞分裂と密接な関係をもっています。

カリ肥料は大半が水溶性のもので、無機質のものには、硫酸カリ、塩化カリなどがあります。

カリ分がしっかり施されていれば、病害虫に侵されても回復しやすい元気な作物になる。

### カリ肥料の過不足現象

- 欠乏症状は古い葉に現われます。とくに野菜の場合、果実が肥大する生長が盛んな時期は、カリ肥料を必要とするため、不足しがちになるので注意しましょう。
- カリ肥料が不足すると、下葉から黄色く変色して枯死したり、筋腐れ病を発症しやすくなります。
- カリの過剰症状は現われにくいのですが、カルシウム、マグネシウム成分の吸収が悪くなり、両成分の欠乏症状が出やすくなります。

### カリ肥料欠乏で現われる症状

- 葉の先端や葉の周囲が黄化する。
- 葉に褐色の斑点ができる。
- 下葉から黄化して枯れる。
- 「すじ腐れ果」の症状が出る。

黄化する

褐色の斑点

### 「ドベネックの桶」

植物が健全に育つためには17の必須養分があります。どれか一つ不足し、他の養分が余分にあったとしても、不足した養分を必要量を補充しないかぎり、収量を上げることはできません。

すなわち、植物の生長速度や収量は、必要とされる栄養素のうち、与えられた量のもっとも少ないものにのみ影響されるとする説で、ドベネックがわかりやすく桶にたとえています。

桶の縦板1枚が各養分で、桶にたまる水の量が作物の収量を表しています。板が短くても、長くても、桶をつくっている板の一番低いところまでしか、水をためられないのがわかります。その桶にたまる水の量＝収量は決まっているのです。

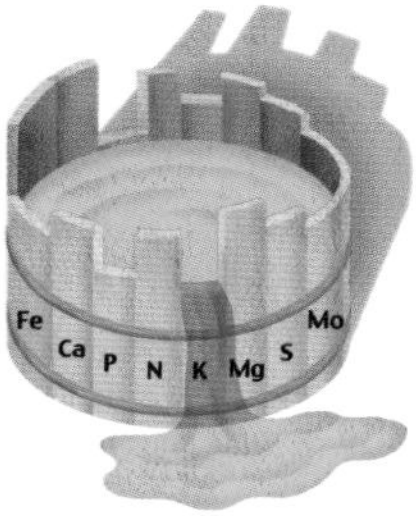

# 必要な養分は三要素だけではありません

## 生育障害防止に必要な多量要素と微量要素

10の多量要素のなかでも、カルシウム、マグネシウム、イオウは、「肥料の三要素（窒素、リン酸、カリ）」に次いで必要とされる要素です。どの成分も単独で働くのではなく、ほかの成分と結びついて役割をはたします。

また、微量要素は、多量要素ほど必要量は多くありませんが、少量でも不足すると生育障害を起こします。過不足による症状は植物にも現れますが、他要素との症状と区別しにくいものです。過不足の対処法としては、まず、土壌のｐＨを測って土壌環境を整え、植物の様子を見てから各成分の調整を行うことになります。

ただ、文字どおり微量の施肥となり、適切な施肥設計が難しいため、栽培前に酸度を調整した堆肥などの有機物を土壌にしっかり混ぜ、土壌環境の整備を整えておくと、過不足症状が軽減されます。

### マグネシウム Mg

多量要素

葉緑素の構成成分であり、一部はリボ核酸とたんぱく質の結合にかかわります。また、炭水化物、脂質、タンパク質などの合成に関係しています。植物体内を移動しやすいことから、成熟にともなって種子に集まりやすく、菜種、大豆など油脂の多い種子に多く含まれています。

**過不足症状**

欠乏症▶マグネシウムは、欠乏すると葉緑素の生成が減少し、葉の黄化現象を起こす。欠乏症状は弱酸性の土壌や火山灰土で発生しやすいので、苦土質肥料を施して改善する。

過剰症▶多すぎると根の生育が悪くなる、草丈が伸びない、葉色が悪く、斑点が発生するなどの症状が出ることがある。

### モリブデン Mo

微量要素

作物が吸収した硝酸態窒素を亜硝酸態に還元する酵素の成分として必要な成分。根粒細菌などの空中窒素の固定にも役立っています。

**過不足症状**

欠乏症▶葉が主脈を残してムチのようになる。葉脈間が黄化する。葉が巻いてコップ状態になる。植物によっては矮化する。

過剰症▶過剰による症状は出にくい。

おいしい野菜づくりには微量要素が欠かせない。

## 鉄 Fe

植物のからだ内での鉄の含有量は多くありませんが、呼吸、光合成に必要な酵素を含んでいることから、作物の生育には必要な成分であり、葉緑素をつくる成分でもあります。

**過不足症状**

欠乏症▶新葉が黄化現象を起こします。鉄は他成分より植物体内の移動をしないため、新葉から黄化していく。土壌中での鉄欠乏はまずないが、カルシウムの施しすぎで土壌が中性からアルカリ性に傾くと、鉄欠乏症状が出ることがある。過剰症▶過剰施肥の影響はほとんどない。

## イオウ S

イオウを含んだアミノ酸がたんぱく質の構成成分。タマネギやニンニクの独特なにおいにも含まれています。植物は硫酸イオンの形で吸収し、これを還元してイオウを含む多種類の有機化合物を合成します。

**過不足症状**

欠乏症▶イオウが欠乏すると、タンパク質の合成が少なくなるため、窒素欠乏の症状と似た下葉の黄化現象を起こす。過剰症▶過剰症状は発生しないが、土壌が酸性化する傾向がある。

## カルシウム Ca

カルシウムは葉に多く含まれる要素です。細胞組織を強め、細胞の原形質の生理状態を調整する役割をはたします。また、根の生育促進にも有効に働きます。土壌の酸度を調整する働きもあり、酸性の土壌を中性に傾けます。

**過不足症状**

欠乏症▶カルシウムは、新しい葉より古い葉に多く含まれているので、欠乏症状は新しい葉に出やすい。カルシウムが欠乏すると、生長点の組織がこわれ、新葉に奇形が生じたり、根の伸長に影響が出る。 過剰症▶過剰症状は発生しにくいため判断しにくいが、マンガン、亜鉛、鉄、ホウ素の欠乏症状が出やすい。

## ホウ素 B

細胞分裂、糖の移動、炭水化物の合成に関係する成分と考えられてますが、実際はまだ解明されていません。

**過不足症状**

欠乏症▶植物全体が矮性化する。茎、葉の肥厚やねじれが発生する。根の伸長を妨げ、細根の発生も鈍る。 過剰症▶葉の縁が黄化し、褐変する。微量要素のなかでは施用許可範囲が狭いので、過剰症が出やすい。

## ケイ素 Si

イネ科の植物の必須要素。茎葉が丈夫になります。また、耐病性が強くなります。

**過不足症状**

欠乏症▶イネの倒伏が増えたり、病害虫に対する抵抗力が弱くなる。 過剰症▶ケイ素そのものによる過剰害はない。

## マンガン Mn

酵素の働きを助け、植物体内の酸化・還元の反応やたんぱく質の合成に関わります。

**過不足症状**

欠乏症▶葉に縞模様や斑の黄化現象が起こり、褐色の斑点が葉に現れる。砂土、火山灰土などで欠乏症状が出るのでマンガン肥料を施肥する。 過剰症▶根が褐変し、葉に褐色の斑点が出たり、葉緑部が白色化する。鉄欠乏を助長する。

## 塩素 Cl

葉緑体中で光合成における酸素発生の反応に関わります。

**過不足症状**

欠乏症▶葉の先端から枯れる。
過剰症▶根が枯れる。

## 亜鉛 Zn

タンパク質、炭水化物の合成に関わります。また、植物ホルモンの形成にも関わっています。

**過不足症状**

欠乏症▶葉が小さくなったり、変形する。葉脈間に黄色の斑点が発生する。細根の発生が妨げられる。 過剰症▶新葉に黄化現象が出て、葉や葉柄に赤褐色の斑点が発生する。

## 銅 Cu

作物の体内に銅を含む数種類の酸化還元酵素があり、光合成や呼吸に重要な役割をはたしています。

**過不足症状**

欠乏症▶欠乏すると葉が黄白化、褐変しよじれる。 過剰症▶主根の伸長が妨げられ、分岐根の発生が短小。そのために生育不良となる。鉄欠乏を誘発する。

肥料を使いこなす❶

肥料の選び方

# 目的に合わせて上手に肥料を選びましょう

肥料には多くの種類があります。どんな肥料をどのように使ったらよいのか、非常に悩まされます。土壌環境によって肥料の効き方も違ってきます。また、植え込む植物の種類や生長ステージによって必要な成分が違うため、肥料の効き方も生長ステージに合わせる必要があります。いくら野菜は有機栽培で行いたいと思っても、効き方によっては無機質肥料のほうがよい場合もあります。各肥料の特徴を調べたうえで、肥料を選定し施肥設計（いつごろ、何の肥料を施すかという計画）をたてることがたいせつです。

また、肥料には「肥料の品質の確保等に関する法律」という規制があり、肥料袋に肥料の種類、名称、原料の種類、製造会社、製造場所、保証成分量を記載した保証表の記載が義務づけられています。肥料を購入する際、袋の表だけで判断するのではなく、必ず裏側まで見て、選びましょう。

## 肥料袋の表示と見方

まず確認したいには、窒素（N）・リン酸（P）・カリ（K）の保証成分量（%）と原料の種類。一例を下記するので、内容物をよく確認してから購入するようにしよう。

| 生産業者保証表 | |
|---|---|
| 登録番号 | 生第〇〇〇〇〇〇号 |
| 肥料の種類 | 化成肥料 |
| 肥料の名称 | 有機入り化成肥料1号 |
| 保証成分量（%） | 窒素全量　5.0 〔A〕<br>リン酸全量　7.0<br>内水溶性リン酸　0.5<br>カリ全量　4.0<br>内水溶性カリ　2.5<br>水溶性苦土　0.1 |
| 原料の種類 | 〔B〕尿素、骨粉質類、動物かす粉末類、化成肥料<br>〔C〕（使用されている着色剤） |
| 材料の種類 | カーボンブラック |
| 正味重量 | 20kg |
| 生産した年月 | 欄外に記載 |
| 販売業者氏名又は名称及び住所 | 〇〇〇肥料販売株式会社<br>大阪府××× |
| 生産した事業場の名称及び所在地 | 〇〇〇株式会社〇〇工場<br>栃木県××× |

A 正味重量の5％が窒素成分という意味

B 使用している原材料の多いものから記載される

C 製造過程で使用された肥効成分以外の材料名が記載される

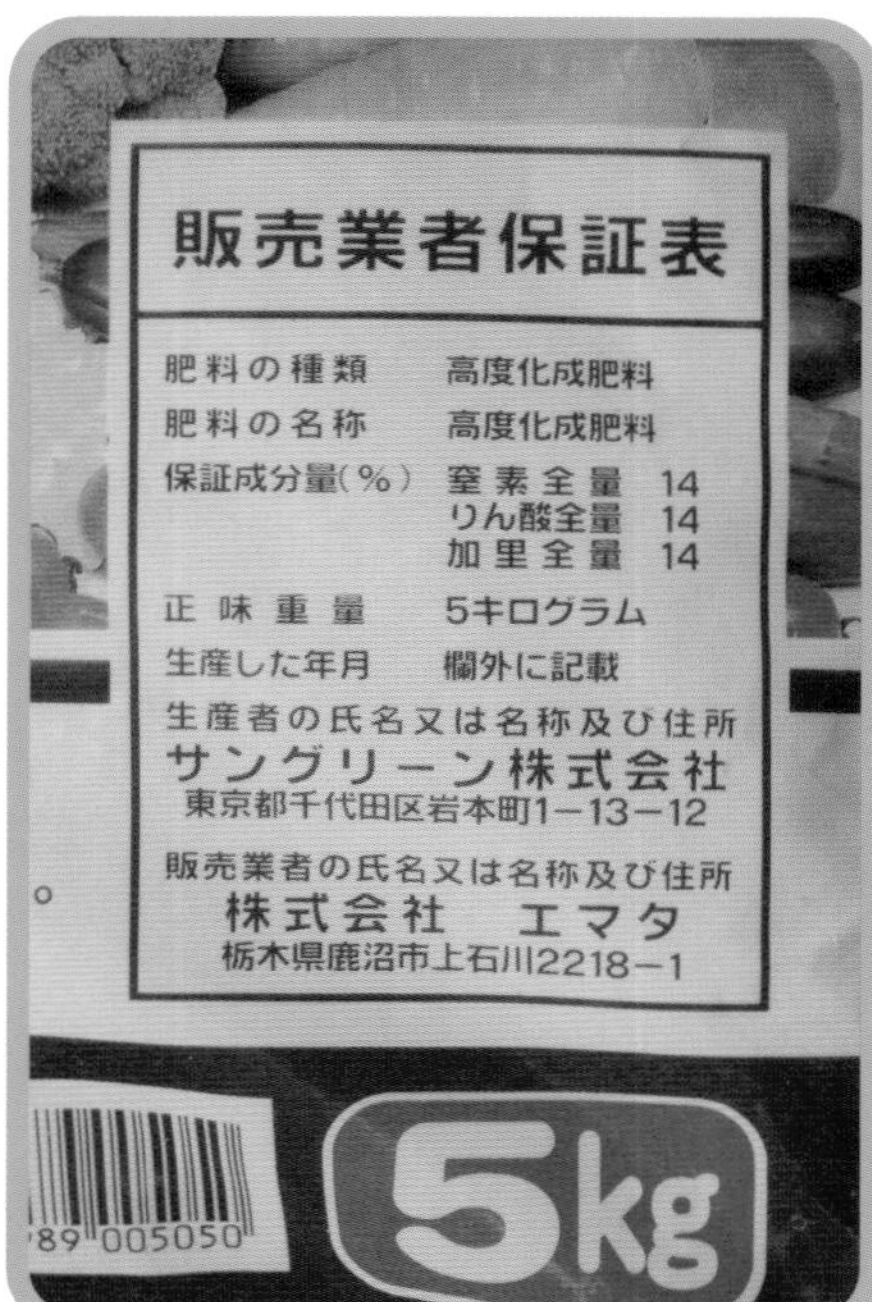

肥料を購入する際は、肥料袋に記載された表記（肥料の種類、名称、原料の種類など）を見て選ぶ。表面記載の成分や価格だけで判断し、購入しないこと。

# 有機質肥料

植物や動物の排泄物などの原料からつくられる肥料を「有機質肥料」といいます。さまざまな成分が含まれており、多様性に富んだ肥料といえます。原料によって、「植物質肥料」と「動物質肥料」に大別されます。植物が吸収できるようになるまでに時間がかかるので、植物を植え込む1か月前あたりから土づくりをかねて施肥します。また、土中の微生物の環境も整えるため、微生物のすみかになる有機物（腐葉土など）を土壌に入れておくことが必要です。有機質肥料は効きめが出るまでに時間がかかりますが、穏やかに長く効くのが特徴です。

## 1 植物質肥料（植物性有機質肥料）

油かすや米ぬかなど、植物を原料とした肥料を「植物質肥料」または「植物性有機質肥料」といいます。有機質肥料の中では肥効が早く現われる油かすなどがありますが、大半は効き目は穏やかで有機物が少ない土壌に植物質肥料を施すことで、土壌改良にも役立ちます。

### 植物質肥料—1 油かす

元肥　追肥　緩効性　遅効性

ダイズやナタネから油を搾った残りかすです。土中で分解される過程で有機酸が発生し、多量に施すとアンモニアガスも発生するため、施肥後3週間はタネまきや植え付けを避けます。改良品の「発酵油かす」は、1週間後には植え付け作業が可能です。油かすだけの施肥では窒素成分にかたよるため、骨粉や草木灰など、緩効性肥料としてリン酸、カリ成分の肥料と混ぜて使用します。

## 植物質肥料—2 米ぬか

元肥　緩効性　遅効性

米ぬかはリン酸肥料です。糖分やたんぱく質も含むため、腐葉土や堆肥をつくる際に微生物のえさとしても投入し、繁殖を高め腐植を促進させます。しかし、脂肪分が多いため土中で固まりやすく、固まった部分が虫の巣になりやすいので、堆肥などに混ぜて使用するとよいでしょう。

## 植物質肥料—3 ふすま

元肥　緩効性　遅効性

小麦から小麦粉を製造する際できるもの。窒素、リン酸、ミネラル分を含む肥料としてボカシ肥料づくりに利用しますが、大半は家畜の飼料になります。肥料としては米ぬかと同様に、腐葉土や堆肥をつくる際に用いたり、土壌へは堆肥などに混ぜて使用します。殺菌作用があるため、土壌消毒に使用されることもあります。

## 植物質肥料—4 草木灰

元肥　追肥　速効性　緩効性

草木灰は草木を燃やしてつくった灰で、リン酸成分やカリ成分を含む肥料です。石灰分も含むので、土壌のｐＨ改良にも役立ちます。アルカリ性であるため、硫安などのアンモニア肥料や過燐酸石灰と一緒に施すと、アンモニアがガス化して逃げてしまうため注意しましょう。また、ジャガイモのタネイモを植え付ける際に切り口にまぶして、雑菌による腐敗防止にも利用します。

# 2 動物質肥料（動物性有機質肥料）

牛や鶏のふん、魚類など動物に由来する原料からできた肥料を「動物質肥料」または「動物性有機質肥料」といいます。植物質肥料にくらべて窒素成分が多いので、速効性の窒素肥料として施用します。

## 1 骨粉

動物質肥料

元肥　追肥　緩効性　遅効性

牛や豚などの骨を砕いてできたリン酸分を多く含んだ肥料です。肉骨粉、生骨粉、蒸製骨粉など製造方法によって何種類かありますが、市販のものは大半が蒸製骨粉。土中の有機酸に溶けて、植物が吸収する形になるため、水溶性のリン酸を含む草木灰と併用する必要があります。また、肥料成分のかたよりをなくすため、油かすなどと混ぜて使用します。

## 2 牛ふん

動物質肥料

元肥　緩効性　遅効性

発酵させた牛ふんにワラやモミガラを混ぜ、「牛ふん堆肥」としたもの。草食性の牛のふんは、肥料効果より土壌改良効果のほうが高く、微生物も増えて病害虫に対する抵抗力も強くなります。牛ふんが土中で発酵する際にアンモニアガスを発生させるため、完熟したものを購入しましょう。

## 4 鶏ふん

動物質肥料

元肥　緩効性　遅効性

鶏のふんを乾燥または発酵させたもの。リン酸やカリ成分が豊富なので、いろいろな野菜に向きます。乾燥鶏ふんは発酵時にガスや悪臭が発生するため、植え付けなどの作業は施肥から1か月後にします。発酵鶏ふんは悪臭を出さず、ガス障害も防げるので1週間後には可能です。鶏ふんは肥料成分が高く、多量に施すと肥料やけを起こすので、1㎡当たり500g以下を目安に施しましょう。

## 3 豚ぷん

動物質肥料

元肥　緩効性　遅効性

豚のふんを発酵させたもの。豚は雑食なのでほかの動物のふんにくらべて肥料成分が多く含まれています。ただし、土壌改良効果は少し低くなります。発酵したものでも、においが強いのが欠点です。

## 動物質肥料—5 魚粉

元肥　追肥　速効性　緩効性

魚を煮て脂肪を抜き、乾燥して粉砕したもの。リン酸成分、窒素成分の肥料で、カリ成分は含まないので、草木灰などと混ぜて使用します。においがあるので、必ず土の中に埋め込むようにします。施肥の際は土壌とよくなじませ、約１か月は植え付けなどの作業は避けます。

## 動物質肥料—6 バットグアノ

元肥　追肥　緩効性

コウモリのふんが主体のリン酸成分の肥料。バットグアノ100%というものより、他の肥料成分を混ぜたものが市販されています。フミン酸（腐植酸）も含まれており、土壌改良にも役立ちます。多量に施しても肥料障害が出にくいので、使いやすい肥料です。

# 3 自給肥料

野菜くずなどの家庭から出る生ごみや落ち葉などを利用して、私たち自身の手でつくることができる肥料を「自給肥料」といいます。

## 自給肥料—1 積み肥

元肥　追肥　速効性　緩効性

落ち葉などで堆肥をつくる際、鶏ふんなど有機質肥料を途中で入れながら積んでつくる堆肥（栄養堆肥）を「積み肥」といいます。落ち葉や野菜くずなどの植物だけを積んでつくる堆肥とは違い、窒素成分やリン酸成分が多くなりがちなので、多量施用しないように注意しましょう。

## 自給肥料—2 緑肥

元肥　追肥　速効性　緩効性

植物の茎や葉を肥料として用いるものを「緑肥」といい、土壌にすき込んで利用します。主にライムギやレンゲなどの緑肥を目的として栽培した植物を使用します。とくに、レンゲなどのマメ科植物は根粒細菌が空中の窒素を固定し、土中の窒素分として補給してくれます。

# 4 その他（有機質肥料）

植物質肥料、動物質肥料を混ぜて肥料成分を整え、使いやすくした有機質肥料です。

## その他の肥料─1 有機配合肥料

元肥　追肥　緩効性　遅効性

油かすと骨粉など数種類の肥料を混ぜ合わせ、成分を平均的にした肥料です。大半が遅効性もしくは緩効性で、微量要素を含んだものや化学肥料を含んだものもあります。

## その他の肥料─2 機能性堆肥

元肥　追肥　緩効性　遅効性

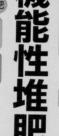

牛ふんなどの動物質肥料に微生物や海草などを加え、機能性をアップした肥効のある堆肥です。植物の養分、土壌改良にも役立ちます。病害虫に抵抗力をつける商品もあります。

## 有機農法でよく聞く、「ボカシ肥」とは何でしょうか？

米ぬか、油かすや骨粉などの有機物を原料として、これを発酵させ、効きめを穏やかにしたものを「ボカシ」あるいは「ボカシ肥」といいます。

昔は各農家でつくっていましたが、手間がかかるため、有機質肥料と無機質肥料との併用で肥効を調整するようになりました。

近年、有機栽培の復活とともにボカシ肥も見直され、最近では「ボカシ肥」として市販されています。家庭園芸でも利用されたり、ボカシ肥のレシピ本も数多く出ています。

ボカシ肥

新鮮な有機物を土に投入すると、有機物をエサとする微生物が集まります。微生物が有機物を分解する際、土中の窒素分をエネルギー源として使用するため、作物用の窒素肥料が不足し窒素飢餓（➡P39）を起こします。こうした弊害を少なくした肥料がボカシ肥です。

# 無機質肥料

鉱物や石油などの原料に化学的処理を施して生成した肥料を「無機質肥料」あるいは「化学肥料」といいます。窒素分を主体とする「窒素質肥料」、リン酸分を主体とする「リン酸質肥料」、カリ分を主体とする「カリ質肥料」があります。有機質肥料にくらべて手軽に扱え、手が汚れない、臭気がない、施肥の効果がすぐに現われるなどの利点があげられます。ただ、過剰施用すると濃度障害を起こしやすいので、適量を施すことがポイントです。肥料成分の違いによって「単味（たんみ）肥料」と「複合肥料」に区別されます。

**単味肥料（単肥）** 肥料の三要素である窒素、リン酸、カリ成分のうち、１成分だけを含むの肥料を「単肥（たんぴ）」といいます。

**複合肥料** 窒素、リン酸、カリの三要素が２成分以上含むようにした肥料を「複合肥料」といいます。植物の特徴に合わせてつくられた「配合肥料」と、三要素と微量要素を混合してつくられた「化成肥料」があります。

---

## 1 窒素質肥料

単味肥料

肥料の三要素である窒素、リン酸、カリ成分のうち、窒素を主成分とする無機質肥料を「窒素質肥料」といいます。

窒素質肥料 1

### 硫酸アンモニウム

**= 硫安**

元肥　追肥　速効性

硫酸とアンモニウムが結合した代表的な窒素肥料。土壌を酸性化しやすいので、あらかじめ石灰資材でアルカリ性の土壌にしておくとよいでしょう。ただし、石灰資材と硫安を一緒に施用すると、アンモニアが逃げるため、1週間から10日あけ、別々に施用するようにします。

## 窒素質肥料―2 尿素

元肥 追肥 速効性

水に溶けやすい速効性の肥料で、窒素成分が硫安の約2倍もあります。酸性化した畑でも安心して使用できます。もみ殻や乾いた土に混ぜると施しやすいでしょう。濃度が高いので施用量も控えめにします。尿素は葉面からも吸収されるので、0.5%の水溶液で葉面散布するのも効果的です。

## 窒素質肥料―3 塩化アンモニウム ＝塩安

元肥 追肥 速効性

アンモニアと塩酸を合成したもので、硫安以上に水に溶けやすい超速効性の肥料。多量施用すると肥料やけを起こすので少しずつ施します。施用後に塩酸が残って土壌が酸性化しがちなので、施用前に石灰資材を投入するなど注意しましょう。塩素は繊維質をふやす性質があるので、イモ類には適しません。

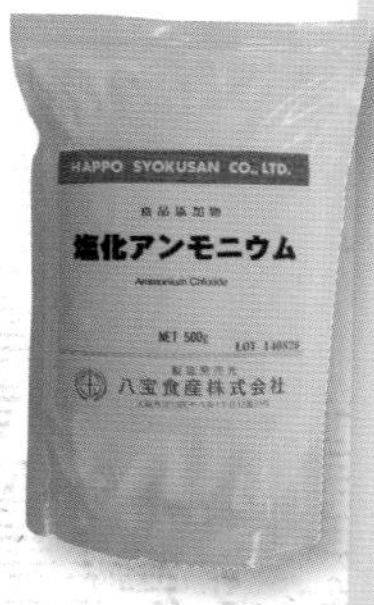

## 窒素質肥料―4 石灰窒素

元肥 緩効性

生石灰が含まれているので、酸性土壌の中和にも役立ちます。ゆっくり効きめが出てくるため、植え付けなどの作業は施用後1週間から10日後に行いましょう。成分のシアナミドには毒性があるので、施用時にはマスク着用が求められます。土づくりの前に施しておくと、土中の病原菌の殺菌、雑草の防除にもなります。

# 2 リン酸質肥料

単味肥料

肥料の三要素である窒素、リン酸、カリ成分のうち、リン酸成分を主成分とする無機質肥料を「リン酸質肥料」といいます。

## リン酸質肥料 1 過リン酸石灰

= 過石 元肥 速効性

過リン酸石灰の大半は水溶性ですが、土中で不溶性リン酸に変化し、植物が吸収しにくい形になるので、堆肥などでくるむようにして、土と接触しないように施すのがポイント。石灰資材との併用は、不溶性リン酸に変化してしまうので、1週間から10日の間隔をとって施用するようにしましょう。

## リン酸質肥料 2 重過リン酸石灰

元肥 速効性

過リン酸石灰と同じ成分の肥料です。過リン酸石灰の2倍以上の水溶性リン酸を含みます。使い方は過リン酸石灰と同じですが、高成分なので使用量が多くなりすぎないように注意しましょう。

## リン酸質肥料 3 熔成リン肥

= 熔リン 元肥 援効性

水に溶けにくいく熔性リン酸のアルカリ性の肥料です。緩効性なので元肥として利用します。老朽化した水田や、酸性の畑に施すと効きめが十分に発揮されます。

# 3 カリ質肥料

単味肥料

肥料の三要素である窒素、リン酸、カリ成分のうち、カリを主成分とする無機質肥料を「カリ質肥料」といいます。

カリ質肥料 1

## 塩化カリウム

**＝ 塩化カリ** 元肥 追肥 速効性

カリ成分を多く含む水に溶けやすい速効性肥料。吸湿性が強いので、葉にかかると葉やけを起こすので要注意です。塩酸が副成分として残るため、土壌が酸性化しやすくなるので過剰な施用は避けます。イモ類の肥料としては不向きです。

カリ質肥料 2

## 硫酸カリウム

**＝ 硫酸カリ** 元肥 追肥 速効性

塩化カリウムに硫酸を反応させたもの。水に溶けやすい速効性の肥料で、塩化カリウムと同様に土壌を酸性化する働きがあります。ジャガイモやサツマイモに施すと、味のよいイモができます。ただし、施しすぎないように注意しましょう。

## 化学肥料でもおいしい野菜はできるのでしょうか？

「有機栽培の野菜はおいしいし安全」ということで、家庭菜園でも有機栽培にこだわる人が多くなりました。有機栽培はなぜ食味のよい野菜ができるのでしょうか？

畑に施された有機質肥料は土壌中で分解されてから肥効が現れるため、窒素の効き方が遅くなり、これが窒素過剰を防ぎます。野菜は、窒素が多いと大味で味も劣りがちです。また、堆肥などが多く施された土壌では、団粒構造が促進され水の供給、保水性が安定します。

このような土壌環境では、野菜自体の水分も抑えられて食味がよくなるのです。つまり、堆肥を多く含む土壌環境で、適量の窒素肥料が少しずつ穏やかに肥効を出す化学肥料であれば、有機栽培の野菜同様においしい野菜を収穫できるということになります。

# 4 配合肥料

複合肥料

配合肥料には、有機質肥料が含まれた「有機配合肥料」と特定の植物専用につくられた「植物専用配合肥料」があります。

## 配合肥料―1 有機配合肥料

元肥 追肥 速効性 緩効性

魚粉、油かすなど有機質肥料を加えたものもあります。購入する際は成分表を見て、速効性か緩効性か、石灰資材と併用の可否を確認しましょう。

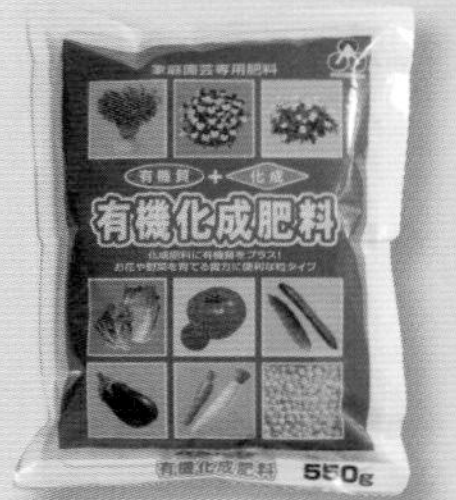


## 配合肥料―2 植物専用配合肥料

元肥 追肥 速効性 緩効性

植物の種類に合わせた専用の配合肥料も多くありますが、他の不足している成分を補充すれば、商品名以外の植物にも使用可能です。

有機配合肥料
ばれいしょ専用
10-16-12
正味20kg


# 5 化成肥料

複合肥料

窒素、リン酸、カリのうちの二要素の含有量が30％以下のものを「化成肥料」、30％以上のものを「高度化成肥料」といいます。

## 化成肥料―1 普通化成肥料

元肥 追肥 速効性 緩効性

単肥肥料を混ぜ合わせただけのものではなく、化学的操作により粒状、顆粒などの形状によって速効性から緩効性ものなど豊富な種類があり、使いやすい肥料です。混合肥料なので成分の割合を確認したうえで購入しましょう。

## 化成肥料―2 高度化成肥料

元肥 追肥 速効性

高度化成肥料の大半はリン安系（リン酸アンモニウム）のもので、そこに硫安、尿素、塩安、カリ安などを加え粒状に加工しています。副成分は少ないのですが、成分含量が高いため、過剰施用しないよう注意しましょう。

# 6 その他（無機質肥料）

単肥、複合肥料に属さない、微量要素などの肥料です。必須ではありませんが、植物の生育を促す肥料でもあります。

## その他の肥料―1 苦土質肥料（マグネシウム肥料）

元肥 追肥 速効性 緩効性

酸性土壌や火山灰土の土壌に欠乏しているマグネシウム成分を補給するために用いられています。水溶性のものは硫酸苦土肥料、く溶性のものは水酸化苦土肥料、そのほかにマグネシウムを含ませたリン酸質肥料や複合肥料もあります。

## その他の肥料―2 マンガン質肥料 ホウ素質肥料 微量要素複合肥料

元肥 追肥 速効性 緩効性

各成分を補うことが目的でつくられた肥料です。マンガンを主成分とする肥料には、硫酸マンガン肥料、鉱さいマンガン肥料があります。ホウ素質肥料は、ホウ酸肥料、ホウ酸塩肥料などがありますが、過剰施用すると害が出ます。微量要素複合肥料は、微量要素のすべての成分を配合したもの。過剰施用すると食害が出ることもあるので要注意です。

## その他の肥料―3 ケイ酸質肥料 ＝ケイカル

元肥 追肥 速効性 緩効性

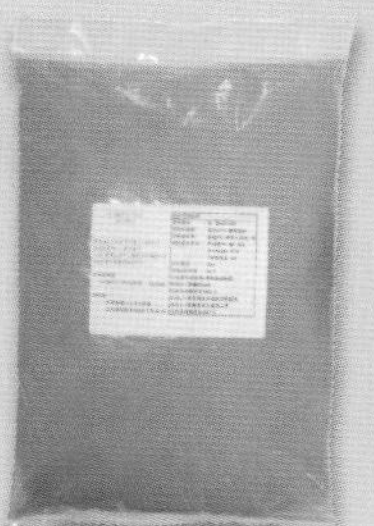

ケイ酸は通常土壌に含まれている成分なので、肥料として考えられていませんでしたが、酸性土壌の中和、火山灰土の改良など土壌改良にも役立ち、収穫物の質もよくなることから、肥料として用いられるようになりました。ケイ酸カルシウムが主成分となります。

## その他の肥料―4 石灰質肥料

元肥 追肥 速効性 緩効性

石灰質肥料は土壌にカルシウム成分を供給する意味で施されますが、それ以上に、土壌の酸度を中和するために使用します。

肥料を使いこなす❷

活力剤の使い方

# 活力剤補給でパワーアップさせましょう

元気に育っているコンテナ栽培の野菜。

肥料には、窒素・リン酸・カリの3要素、カルシウム、マグネシウムなどの多量要素、わずかでも生育に必要な銅やマンガンなど微量要素があります。この微量要素を補うのが「活力剤」と呼ばれるものです。

生育に必要な主成分は「肥料」と呼ばれ、「肥料の品質の確保等に関する法律」で規制されていますが、規制されていないものが「活力剤」として流通しているのです。成分も、わずかな量でよい微量要素が含まれたものが大半です。

つまり、活力剤は肥料ではなく、活力補給のためのアンプル剤といえます。

## 1 活力剤の種類

活力剤には、わずかながら肥料成分を含んだものと、まったく肥料成分を含まないものの2種類があります。作物の状態に合わせて、使いやすいものを選びましょう。

### 肥料成分が含まれている活力剤

「肥料の品質の確保等に関する法律」の基準以下の肥料成分が含まれている活力剤には、成分表示に「肥料入り」と記載されていないので、どんな肥料成分が入っているのか確認することはできません。ただ、肥料成分が含まれていてもごくわずかなので、追肥目的での使用は肥切れを起こすので注意しましょう。

散布タイプの活力剤

### 肥料成分が含まれていない活力剤

水で希釈するもの、希釈されて容器に入っているもの、また、成分表示されているものなど種類が豊富です。日常の栽培環境は土壌環境により差が出るため、施用することで作物の状態が改善されればよしと考えましょう。

肥料成分が含まれていない活力剤

葉が黄ばんでくるなど、いつもと様子が違うときにおすすめ。

## 2 施肥のタイミング

活力剤の使用は、コンテナ栽培で使用されるケースが大半です。鉢栽培では、水やりによって肥料成分が流されやすく、植え替えをしないかぎり土壌は変わらないため土が単粒化し、酸性に傾きやすくなっています。そうした環境での作物は、微量要素欠乏を含め生育障害が出やすくなります。その改善策の一つに、活力剤の施用を行います。

施用のタイミングは春から夏にかけての生育期間中、葉に症状が出たり、花の数が少なかったり、花色が悪かったりするなど、作物を見て様子がへんだと感じたときに使用するのがよいでしょう。

## 3 活力剤の使い方

形状として液体ですが、鉢にそのまま差し込むアンプルタイプと葉に噴霧するスプレータイプ、水に薄めて液体肥料のようにして用いるタイプなどさまざま。使用する作物や成分などを確認して使用しましょう。

### アンプル剤タイプ

手軽なのはアンプル剤ですが、差し込む土壌の水分含有量によって、アンプル剤の先端から数滴ずつ出て、じわじわと浸透させます。ただし、乾燥した土に切り口が大きいものを挿すと、一気に流れ出てしまいます。まず土壌に水やりをして落ち着かせてから施用しましょう。

花数が少なかったり、実が肥大するときに効果がある。

### スプレータイプ

スプレータイプのものは容器に記載されているとおり、葉にかけるタイプのものです。花に液がかかると、花びらにシミが出たり、傷みが出ることがあるので注意しましょう。

スプレータイプを使用するときは、葉の表裏全体に散布する。

### 希釈タイプ

希釈タイプのものは、水やりと併用してもかまいません。ただし、肥料入りの活力剤は毎回の水やりに使用すると肥料過多になりがちです。適正な希釈倍率で施すようにしましょう。

希釈タイプの活力剤は水やりをかねて使用できる。

肥料を施す前に

# 作物の収量・味を左右する施肥の基本を学びましょう

肥料をまくことを施肥といいます。施肥は野菜の収穫量だけでなく、味を左右する大事な作業です。おいしい野菜を収穫するためには、多くの養分が必要になります。ただし、使い方を誤ると作物の生育や環境に悪い影響を与えてしまいます。適切な肥料、適切な量、適切な季節に施肥することをめざしましょう。

## 成分バランスを考えて肥料を選ぶ

施肥の失敗の多くが窒素肥料の与えすぎです。窒素肥料は速効性のものが多いので、施すとすぐに肥効が現われます。ただし、与えすぎると植え付けたばかりの植物が枯れたり、茎葉が勢いよく茂るものの花、実をつけないといった障害を起こしかねません。

過剰施肥を防ぐためにも、まず3要素のバランスを考えてみることが必要です。そして、季節、気候、植物の生長過程（ステージ）に合わせて成分を考え　施肥計画をたてることがとても重要です。

| 種　類 | 元肥・追肥 | 効きはじめ | 肥効 | 肥やけ | 用　途 |
|---|---|---|---|---|---|
| 有機質肥料 | 元肥 | 遅い | 長い | しにくい（完熟）<br>しやすい（未熟） | 栽培期間の長い野菜 |
| 緩効性化成肥料 | 元肥 | 遅い／早い | 長い | しにくい | 栽培期間の長い野菜 |
| 有機固形肥料 | 元肥・追肥 | 遅い／早い（発酵物） | 長い | しにくい | コンテナ栽培での追肥 |
| 複合肥料（化成錠剤） | 元肥・追肥 | やや遅い | 長い | しにくい | コンテナ栽培での追肥 |
| 化成肥料 | 元肥・追肥 | 早い | 短い | しやすい | 野菜全般 |
| 単肥 | 元肥・追肥 | 早い | 短い | しやすい | 有機質肥料の不足分を補う |
| 液体肥料 | 元肥 | とても早い | 短い | しにくい | 肥料不足をすぐに補う |
| ぼかし肥 | 元肥・追肥 | やや遅い | 長い | しにくい | 栽培期間の長い野菜 |

## 天候・気温に合わせる

施肥量は気候にも左右されます。植物の主食は太陽光と水と二酸化炭素ですが、曇りの日が続くと光合成の活動が弱まり、エネルギーの消費も減少することから肥料の吸収も少なくなります。同様に低温が続いたり、逆に高温が続くとき、また水不足のときも、生長が鈍くなり肥料の吸収量も減ってくるため、施肥はストップします。

梅雨期のように雨が続く場合は、土中の肥料分が流されてしまうため、梅雨に入る前に少し多めに施します。このように天候、気温に合わせて、施肥量を加減する必要があります。

## 植物の生長ステージに合わせる

植物は、発芽、開花、結実、枯死という流れで生きています。からだを生長させる時期、花を咲かせ実をならせる時期といったように、それぞれの生長期によって必要とする要素が変わるため、それに合わせて肥料成分を施す必要があります。栽培する野菜によっても肥料成分は変わります。葉物類は窒素を多めに、ダイコンなど根菜類はリン酸を多めに施すのがポイントです。

施す量（施肥量）にも注意が必要です。たとえば、生長期は肥料吸収も盛んになるため、肥料は多めに施します。また、短期間で収穫できる植物と、長期間栽培して収穫する植物では施す量が異なります。

栽培期間が長期にわたる場合、途中で肥切れを起こさないように、追肥でフォローするなど肥料計画をたてましょう。

### 野菜肥料の使い分け

A 元肥重視タイプ　スタートダッシュ型　必要とする量を元肥として施す。

B 全期間施肥タイプ　コンスタント型　植物の生育を見ながら追肥を数回施す。

C 追肥重視タイプ　ラストスパート型　元肥は少なめに施し、追肥を早めに開始する。

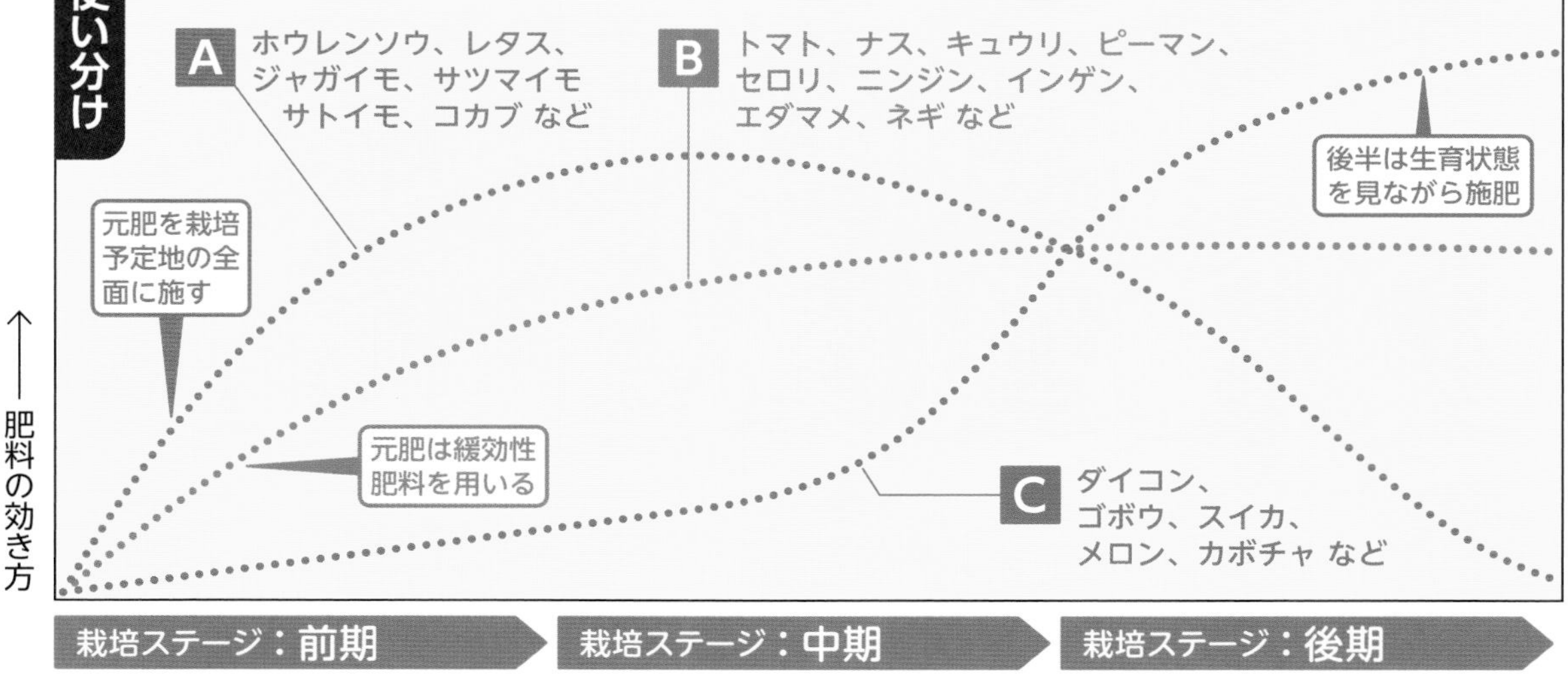


元肥重視 と 全期間施肥 の中間型 … ハクサイ、キャベツ、タマネギ、ナガイモ など

全期間施肥 と 追肥重視 の中間型 … トウモロコシ、エンドウ、イチゴ、アスパラガス など

肥料を使いこなす❹

施肥設計

# 作物や土壌と相談しながら施肥設計します

元肥は、堆肥に代表される有機系肥料を中心にして、不足分を化学肥料で補うかたちで組み合わせて施す。

肥料の原材料、形態などによって、肥効の強さや効く期間などが異なります。なぜたくさんの種類の肥料があるかといえば、育てる作物、環境、目的によって、肥料の要求度合いが変わってくるからです。いろいろな条件を検討したうえで、生長段階のどこでどれくらい、どんな要素が必要かに合わせ、肥料の種類と施し方が決まります。一つひとつに理想的な肥料選びがあるわけですが、大まかな肥料の特徴を押さえておけば、あとは応用が可能です。

## 1 時期によって施肥方法が変わる

施肥の基本は元肥と追肥に分けることです。元肥には、堆肥に代表される有機質系肥料を中心にして、不足分を化学肥料で補うかたちで組み合わせて施します。追肥が必要な場合は、効果がすぐ現われる速効性の化学肥料を使います。

### ◆元肥として使用する肥料

苗を植え付けたり、タネまきをする前に、植え付け予定地の土壌に混ぜ込んだり、畝の切った溝に施しておく肥料を「元肥」といいます。生育初期段階の養分および生育期間中の肥効を目的として施します。一般的には3要素がバランスよく配合されており、じわじわと長期間肥効が続く、肥効調節型で小粒の緩効性化成肥料や、有機質肥料などを施します。

無機質肥料
（マグアンプK）

有機質肥料（牛ふん）

有機質肥料（鶏ふん）

追肥は即効性のある肥料を用い、根の伸びるあたりにばらまいたり、溝を掘って施す。

## ◆追肥として使用する肥料

生育期間が長い植物や野菜などの食欲旺盛な植物は、元肥だけでは肥料分が不足し、生育途中で肥切れを起こしてしまいます。そこで、生育状況に応じて施す肥料を「追肥」といいます。施したらすぐに効果を必要とするため、速効性タイプの液体肥料や緩効性タイプの肥料を選びます。定期的に施すことで、高濃度による障害を起こさず、生長を促すことができます。

有機入りの野菜専用肥料

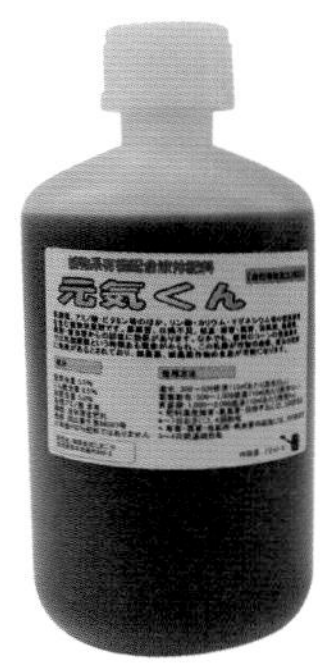


有機質植物系液肥

## 寒肥、芽だし肥、お礼肥って、どんな肥料？

果樹、花木などが休眠している冬の間に施す肥料を「寒肥(かんぴ)」といいます。樹木の周囲に溝を掘り、有機質肥料や緩効性の肥料を施します。新芽が出てくる時期に肥効が現われます。

「芽だし肥」は早春、果樹、花木、宿根草などの芽が動き出す前に施す肥料のことをいいます。株元をかるく耕し、薄めの液肥、もしくは小粒の肥料をばらまきます。

花を咲かせたり、果実収穫後の植物は体力を消耗しています。体力回復を目的として施す肥料を「お礼肥」といい、果樹、花木、球根植物に施します。速効性、もしくは追肥タイプの緩効性肥料が用いられます。

これらの肥料は野菜にはあまり使われません。

固形の有機質肥料を鉢の縁まわりに軽く埋め込む（お礼肥）。

# 2 肥料の効き方によって3つのタイプがある

肥料を施したらすぐに効果を期待しがちですが、植物が吸収できる量には限りがあります。吸収されずに余った分は雨に流されて地下水を汚染することにもなります。一方で、弱った株を早く元気にしたい場合もあります。条件や目的に合わせて肥料を選ぶことは、栽培の大切な基本です。肥料の成分、形状によって肥効がすぐに現われる肥料や、施して1か月後にやっと肥効が出てくる肥料があります。栽培する植物、目的に合わせて肥料を選びましょう。

## 速効性タイプの肥料

水に溶けやすく、効きめがすぐに現れるタイプの肥料を「速効性肥料」といいます。植物に吸収されやすい化学肥料で、液体や固形のものが用いられます。肥効が早く現れる反面、効きめが持続せず、雨や水やりで流れやすいため、定期的な施肥が必要です。また、肥料濃度を高めると肥料やけを起こすことがあるので、液体肥料の希釈、施す量には気をつけましょう。

速効性液体肥料

速効性固形肥料（尿素）

## 緩効性タイプの肥料

施肥後、少しずつ肥効が現われて、長期間効果が持続するタイプの肥料を「緩効性肥料」といいます。微生物に分解され肥効が現れるまでに時間がかかる有機質肥料や、樹脂コーティングして肥料成分が少しずつ現れるようにした化学肥料もあります。肥効期間が２か月前後のものから１年持続するものなど多種あるので、栽培する作物の生育期間によって選びましょう。

緩効性有機質肥料（豚ぷん）

緩効性無機質肥料（野菜専用肥料）

## 遅効性タイプの肥料

施してから少しずつ肥効が現われ、長期間続くタイプの肥料を「遅効性肥料」といいます。緩効性タイプの肥料と大差ありませんが、肥効が緩効性タイプのものより長く続くものを遅効性タイプとして区別しています。

遅効性有機質肥料（骨粉）

遅効性有機質肥料（油かす）

# 3 野菜の生育に合わせた施肥設計をたてる

肥料は、植物の生育状態、天候、気候などの様子を見ながら施さなくてはなりません。植物のためだけではなく、土壌を肥やしていくことも考え、元肥、追肥に分けて計画をたてます。まず、栽培する植物の栄養生長、生殖生長の時期を知り、肥料成分、必要量を計測して施す時期を決めます。

## 化学肥料だけを用いた施肥設計

化学肥料は、成分表示、成分の割合、形状によって肥料計画をたてやすい肥料です。ただし、栽培場所によって向き不向きがあり、よい点、悪い点もあるので、よく検討してから用いるようにしましょう。

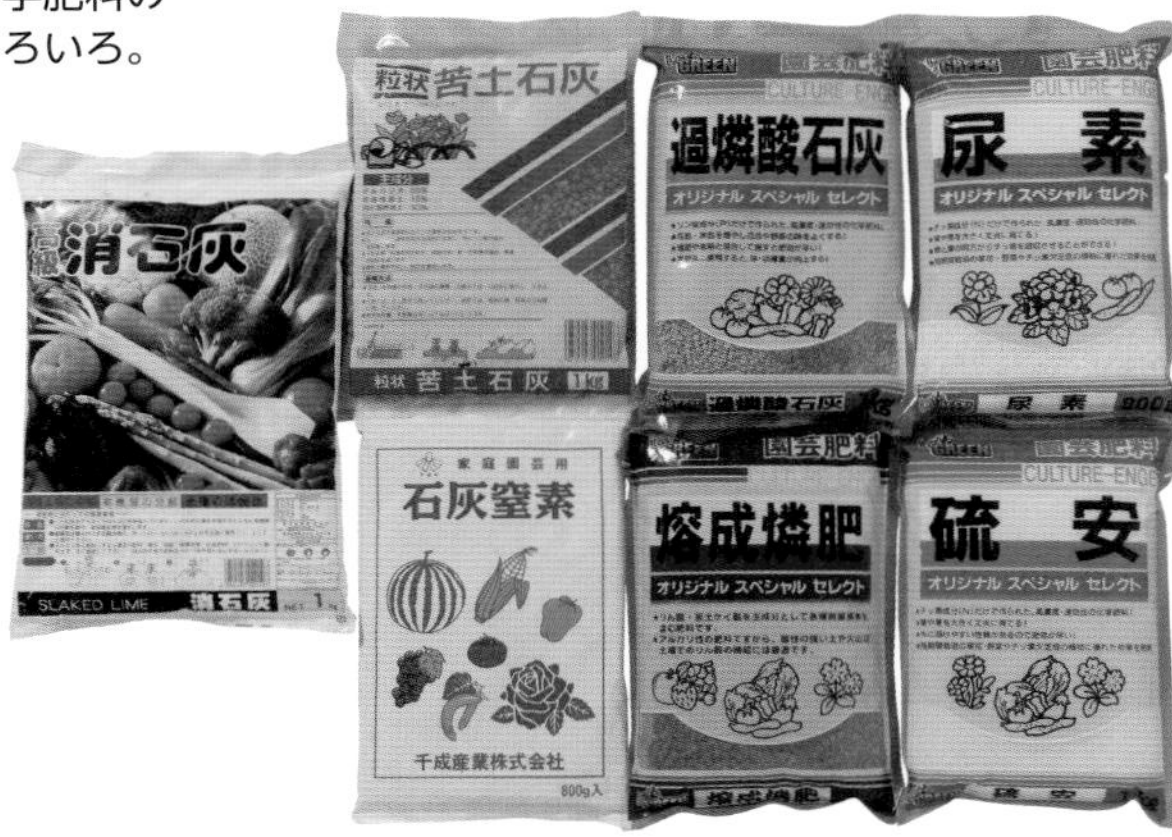


化学肥料のいろいろ。

### ◆化学肥料に向く土壌

**❶肥料不足の土壌**
穏やかな肥効の有機質肥料では、作物が肥切れを起こしやすい。肥効が早い化学肥料を施すことで、作物は肥料不足に陥らない。

**❷火山灰土の土壌**
リン酸肥料が効きにくい酸性土壌の火山灰土には、肥効が早く成分がはっきりしている化学肥料が扱いやすい。

**❸やせた土壌、深く掘り出した下層土の土壌**
有機物が少ないやせた土壌や下層土に有機質肥料を施しても、植物の栄養分としてではなく、多くは土づくりの材料として利用される。したがって、作物は肥切れを起こしやすくなるので、肥効が早く現れる化学肥料を用いる。

### ◆化学肥料に向かない土壌

**❶肥えた土壌、日持ちのよい土壌**
養分が過剰になりやすい。

**❷栄養堆肥がふんだんに入っている土壌**
養分が過剰になりやすい。

**❸有機質肥料を使い続けている土壌**
保肥能力が高く、養分が過剰になりやすい。

### 要点 化学肥料を施す6つのポイント

- その1 **リン酸肥料**は、施用量のすべてを**元肥**で施す。
- その2 水に溶けやすい**窒素**、**リン酸**は、**元肥**、**追肥に分けて**施す。
- その3 施肥過剰になりやすいので、**適量**を計算し、**計量**して施す。
- その4 土づくりができていれば、**石灰、微量要素は施さない。**
- その5 速効性、緩効性など、肥効によって元肥と追肥を**使い分ける。**
- その6 根が弱っているときは、**施肥を見合わせる。**

# 有機質肥料だけを用いた施肥設計

有機質肥料だけでの栽培は、有機物が豊富な力のある土壌環境になっていないと容易ではありません。有機質肥料は土中の微生物によって分解され、無機質となって作物が吸収できる状態となり、土に保持、貯蔵されますが、土壌に有機物がないとそれも不可能です。これまで作地でなかった土壌に有機質肥料を施した場合、施した量の約30～40％は土壌改良のための肥料分として使われ、作物に吸収される量は減少するからです。

そうした土づくりが5、6年続くことで、力のある土壌に近づきます。5年以上たつと、肥料の保持、貯蔵ができる肥えた力のある土壌になるので、施肥量も少しずつ減らすことができます。有機質肥料だけで栽培しようと思ったら、まず5年は土づくりのつもりで行い、本格的な栽培は5年後からと考えましょう。

## 肥えた土壌

堆肥などの有機物や有機質肥料が何年も前から施されている土壌は、肥料の保持、貯蔵、調整力がある。

肥えた土壌で野菜は元気に育つ。

## やせた土壌

有効微生物が少ない未熟な土壌は有害微生物が多く、有機質肥料が分解できないので害が出やすい。

有機質肥料のいろいろ。

### ◆有機質肥料は全量を元肥として施す

腐葉土など有機物をしっかりすき込んだ場所に、有機質肥料を元肥として早めに施します。肥効が現われるまでに時間がかかるからです。植え付け1週間前では遅すぎで、肥効が出てくる時期に生長期を終えてしまったというのでは、野菜のための肥料にはなりません。なるべく早めに施して、植え付け準備を行いましょう。

### ◆意地をはらず、化学肥料にも頼る

土壌が肥えていなければ、作物は元気に育ちません。土壌が肥えるまで時間がかかるわけですから、栽培途中で花数が少なかったり、葉色が悪くなるなど、作物に影響が出た場合は、化学肥料の追肥、または活力剤を施すようにしましょう。化学肥料の悪影響を心配する人がいますが、過剰に施さなければ土壌に影響することはありません。

# 化学肥料＋有機質肥料を併用する施肥設計

有機質肥料だけの施肥設計（施肥計画）は、ある程度土壌が肥えていないと、作物の栄養分として上手に供給できません。

そこで、有機質肥料に化学肥料も併用することで、野菜を栽培しながら土づくりをし、数年後には有機質肥料だけでの栽培が可能な土づくりをめざします。

また、ベランダや住宅街の菜園などで、においが気になる場所では有機質肥料の量を控えめにし、不足した成分を化学肥料で補うようにします。化学肥料は早く効き目が現われるので、必要量以上の量を施さないように注意しましょう。

## ◆年間の施肥設計をたてる

有機質肥料は土壌ができていないと吸収効率が悪いため、1年目の施肥設計では、持ち越し分を含め全体の4割、3年目は全体の1割多く施します。ただし、土壌ができあがる5年目からは、施肥量を減らしていけます。化学肥料は、土壌環境も土壌の保肥力も変わらないので、毎年、同量の肥料を施しますが、土壌が落ち着く5年目から減量してもかまいません。

| | 有機＋化学肥料の場合 | 有機質肥料だけの場合 | 化学肥料だけの場合 |
|---|---|---|---|
| 1年目 | 有機80%<br>化学50% | 140% | 100% |
| 3年目 | 有機50%<br>化学40% | 100% | 100% |
| 5年目 | 有機50%<br>化学30% | 90% | 100% |

## 化学肥料、有機質肥料を併用した年間施肥設計例

### 土づくり用施肥

腐葉土
もしくは
肥料成分のない堆肥

＋

熔リンもしくは骨粉

＋

苦土石灰もしくは貝化石

### 元肥用施肥

窒素

油かす
もしくは魚粉
もしくは鶏ふん

＋

リン酸

骨粉

＋

過リン酸石灰

＋

カリ

草木灰

### 追肥用施肥

窒素

硫安
もしくは
化成肥料

＋

カリ

硫酸カリウム（硫加）
もしくは
塩化カリウム
もしくは
化成肥料

肥料を使いこなす❺

**実践** 肥料の施し方

# 最適な方法で肥効を引き出しましょう

実際に肥料を施してみましょう。有機質肥料や無機質肥料など各種肥料によって、原料、形状、効き方が異なりますが、作業のやり方は同じです。畑や菜園など、広いスペースに肥料を施す場合、効率よく施さないと、せっかくの肥料も無駄になってしまいます。栽培する野菜に適した方法で、肥料の効果を最大に引き出すことが大切です。

最初に畑や菜園をつくるときに、土壌改良用土を投入して改善しておけば、肥料は必要な場所に施すだけですみ、コストダウンにもつながります。

## 1 施し方のいろいろ

### 土に混ぜる方法

ココがポイント
元肥は植え付け1週間前までに施しておく。


タネまきや苗の植え付け前に、土に肥料を混ぜ込んでおく方法です。元肥として、また中耕（⬇P69）を行うときの追肥などの際に行います。肥効がゆっくり現われる有機質肥料や、緩効性で効き目の長い無機質肥料に適します。

苗の植え付け1週間前までに施肥は終わらせ、肥料を土になじませて苗が肥料やけを起こさないようにします。

### 土に埋め込む方法

苗を植え込む植え穴に、肥料と苗の根が触れないように施肥する方法です。生育途中の苗と苗の間に追肥する際にも用いられます。また、寒肥や芽だし肥として、株元に溝を掘って施肥するときもこの方法で行います。有機質肥料、無機質肥料の緩効性タイプのものが適しています。

### ばらまく方法

生育途中の作物の株間に肥料をばらまく方法です。多くは、肥効が早い無機質肥料を追肥として施すときに用います。肥料の形状によって、表面の土と軽く混ぜ合わせたほうがよい場合があるので、肥料を購入するときは、肥料表示を見て確認しましょう。

実践

# 野菜づくりのための 施肥方法の基本

他の植物にくらべて、たくさん肥料をほしがる野菜類は、生育中に肥料が切れてしまうと、新芽の生長が鈍り、花数が減少し、未熟な果実ができるなど、収穫物に影響が出てきます。健全でおいしい野菜を育てるためには、元肥をしっかり施し、必要に応じて追肥でフォローしながら、作物に肥料を供給できるようにしておきましょう。

## 全面施肥の場合

全面施肥は土づくりを終えた作地で、畝づくり前に元肥用途で施肥する方法です。コマツナ、ホウレンソウなど栽培期間が短く、生育初期から肥料を必要とする野菜に向いています。作地全面に施肥をするため、肥料の無駄遣いのような面もありますが、土壌が改良されて肥力も出てくるので、肥えていない土壌では、全面施肥をしながら土づくりをしていきます。

1 レーキで畑の表面を整える。

2 畝だてする予定の場所全体に肥料をまく。

3 スコップなどで土とよく混ぜる。

## 作条施肥（溝施肥）の場合

作条施肥は、元肥を根の下部に入れる施し方です。作物の根が伸びる下層部に溝を掘って、肥料を投入します。溝施肥は、土づくりを終えた作地で、畝づくりの前に元肥用途で施肥する方法です。また、中耕をかねた追肥の際にこの方法で行われることもありますが、その場合は溝は浅く掘って施肥します。トマト、ナス、キャベツ、ブロッコリーなど生育期間が長い野菜の栽培に向きます。

1 畝をつくる場所の中央にクワで溝を切る。

2 溝に肥料を施す。

3 周囲の用土を溝に戻す。

## 施肥例1

# 栄養堆肥（積み肥）を施す

手づくりの積み肥は、植物への養分補給というより、土壌づくりにはとてもよい材料です。石灰資材と同時併用は避け、土づくりの際に有機物と一緒に施してもかまいません。有機物と混ぜた肥料にもよりますが、植物の植え付け半月前までには作業は終了させましょう。

### 全面施肥の場合

① 作付け場所全体に堆肥をまく。

② スコップで土壌と混ぜる（深さ30～50cmが目安）。

③ 表面をレーキで平らにならす。

このまま、約1か月間は養生させる。

### 作条施肥（溝施肥）の場合

① 畝にクワで溝を切る。

② 溝へ均一に堆肥を入れる。

③ 周囲の用土を溝に戻して覆う。

# 施肥例2 紛状の肥料を施す

粉状の肥料には有機質、無機質があり、元肥の場合なら土に混ぜればよいですが、ばらまくとき吸引する恐れがあるのでマスクが必須となります。とくに無機質肥料の場合、あまり吸い込まないほうがよい成分もあるので注意しましょう。

## 元肥用途の場合

作付け場所に紛状の肥料をまく。

スコップで土壌と混ぜる。

表面をレーキで平らにならす。

## 追肥用途の場合

植物の株間もしくは株元に浅い溝を切る。

溝の中に肥料を施す。

周囲の土を戻して、表面を押さえる。

**ココがポイント**

速効性の肥料の場合、畝と畝の間の通路に施し、周囲の土で押さえてもよい。

施肥例
3

# 粒状肥料の施し方

粒状の肥料には、水に触れるとそのまま肥料成分が溶ける速効性のタイプのものや、肥料成分が少しずつ溶けていくように樹脂コーティングした肥料などがあります。速効性タイプのものは、植物の根に触れないよう施し、コーティングタイプのものは、追肥として土の表面にまいたままでもかまいません。

## 元肥用途（全面施肥）の場合

1 作付け場所に肥料をまく。

2 スコップで土壌と混ぜる。

3 表面をレーキで平らにならす。

## 元肥用途（溝施肥）の場合

1 クワで溝をつくる。

2 溝に肥料を施す。

3 施肥する場所に堆肥をまく。

## 追肥用途の場合

1 植物の株間もしくは株元に浅い溝を切る。

2 溝の中に肥料を施す。

3 周囲の土をかける。

**ココがポイント**

肥料によっては土をかけなくてもよいものもある。

施肥例 4

# 液体肥料の施し方

水で薄めるタイプの液体肥料は早く肥効が現われる肥料です。すぐに効かせたい追肥に有効で、生長の状態に合わせ、必要な成分を与えられます。水やりをかねて施すとよいでしょう。説明書に書かれた適切な倍率で希釈し（薄め）、ジョウロで施します。

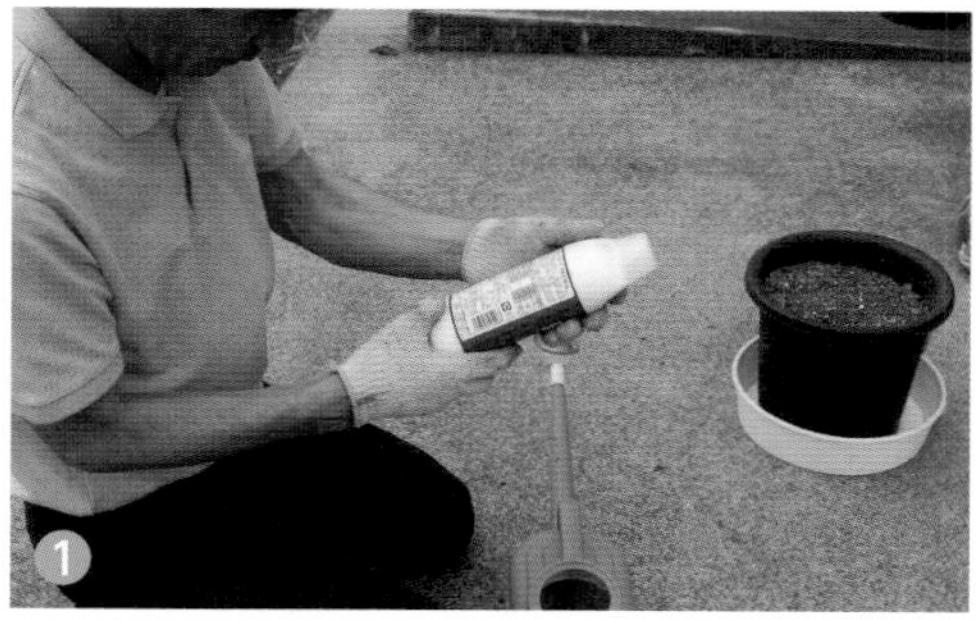

希釈倍率を確認する。

メモリがついた容器に水を入れ、適量の液体肥料を入れる。

ココがポイント　肥料成分が変化してしまうので、つくり置きはやめる。

棒などでよく混ぜる。

希釈肥料をジョウロで施す。

施肥例 5

# 固形肥料の施し方

固形肥料は、水分で溶けないと植物に吸収されないため、ゆっくり長く肥料成分が効きます。元肥として植えつけ時に土中に入れておく方法、元肥や追肥として、土の表面に「置き肥」として施す方法があります。いずれも、水やりや雨によって少しずつ肥料成分が溶けて有効になります。置き肥は、ゆっくり育つ場合に有効な施肥方法です。

株元からできるだけ離れた鉢の縁に置く。

# コンテナでは少量を少しずつ施すのが基本です

肥料やけしないように、肥料の必要量を回数を分けて施すのが基本。

コンテナで野菜を育てる場合、生育期間の長い野菜には、元肥だけでは間に合いません。多量の施肥はコンテナ内が肥料過多になり、生理障害を起こす原因にもなります。

また、露地栽培より水やり回数が多くなるので、肥料の流出分を考慮することも大切です。元肥として必要な全量が施せない分、追肥でフォローします。

## 1 栽培前に用土に混ぜておく（元肥）

作物を植え込む用土に肥料を混ぜておく方法です。コンテナの場合、未発酵の有機質肥料は用土と混ぜると分解が始まってにおいが出ることがあるので気をつけます。

また、コンテナの容量に適した分量を施すようにします。肥料袋には「土壌容量に対して○g混ぜましょう」と記載されているので、必ずその容量を守りましょう。

**ココがポイント**

元肥は、肥効が少しずつ続く、3要素のバランスがよい種類を使う。

❶コンテナの容量を確認し、用土を用意する。

❷用土をミやシートの上に広げ、適量の肥料を全体に混ぜる。

❸混ぜ終わったら、コンテナに入れ、表面を平らにならす。

# 2 栽培途中で施肥をする（追肥）

固形粒状になっている肥料を鉢の縁に近い土の表面に置く方法です。水やりの際の水で少しずつ肥料分が溶けて植物の根から吸収されます。生長期間中は、追肥は速効性の液体肥料や粒状の化成肥料などを、何度かに分けて施します。

## 固形タイプの場合

❶土の表面を、平らにする。凹んでいる部分には用土を足す。

❷土の容量もしくはプランターの大きさに対しての必要量の肥料を置く。

ココがポイント
鉢の淵に近い場所へ置く。

## 液体タイプの場合

❶施す植物、時期に合わせて希釈率決める。

❷水を入れた容器に適量の液体肥料を入れてかき混ぜる。

❸ジョウロで施肥する。

ココがポイント
ジョウロや目盛り付きバケツ、ペットボトル、牛乳パックなど、容量のわかる容器を利用して水を計り、計量カップやペットボトルのふた（約５㎖）などで計った肥料を溶かす。

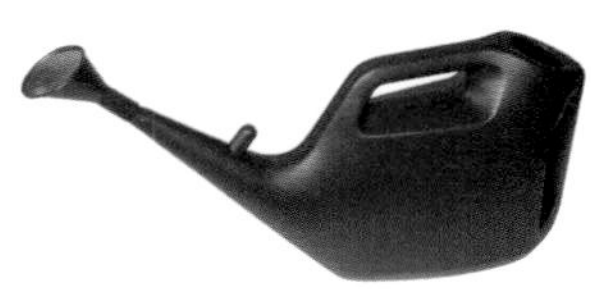

## アンプルタイプの場合

❶あらかじめ鉢土を湿らせておく。

❷アンプルの先端をハサミで切る。

❸鉢の淵にアンプルの先端を差し込む。

野菜の土カタログ

# 人気野菜の土づくりと施肥設計

おいしい野菜は新鮮で香りがよく、生命力にあふれています。こうした健康な野菜の生長を縁の下で支えるのが土であり、肥料です。土づくりの良し悪しと、適正な施肥方法がおいしさを左右するといってもよいでしょう。

# トマト・ミニトマト

果菜類 ◆ ナス科

## 土壌環境づくりのポイント

**畑&庭栽培** 乾燥には強いが、高温多湿には弱い。日当たり風通しのよい場所を選び、水はけをよくするために繊維質の多いバーク堆肥などを1㎡当たり2kg以上投入しかつ高畝にする。直接雨にあたると裂果や病気が発生するので、雨よけ栽培が理想。連作障害を避けるために、前作でナス、ジャガイモなどナス科を栽培した場所は避ける。

**コンテナ栽培** 1株植えるのに、深さ20㎝以上、用土10ℓ以上入るコンテナを準備する。欲張って葉が重なり合うような密植栽培は、絶対に避けること。混合用土は、赤土(または黒土):腐葉土:苦土石灰=7:2:1を基準とする。

## 肥料を施すポイント

**畑&庭栽培** トマトの多肥、多灌水栽培は花を落とすことになるので厳禁。前作の肥効残量が見込まれる場合は、土壌改良目的のバーク堆肥や酸度矯正用の苦土石灰は投入しても、元肥はやらないこと。一番果が着果したら、1株当たり5g(小さじ1杯程度)の化成肥料(N:P:K=8:8:8)を株周りに追肥する。以降、月に2回ほど追肥する。

**コンテナ栽培** 用土10ℓ当たり元肥として有機配合肥料(N:P:K=7:8:7)25gと、過リン酸石灰8gを混合する。一番果が着果したら1株当たり化成肥料3g追肥し、以降月2回程度同様に行う。汎用液肥を追肥する場合はこまめに与える。

N=窒素　P=リン酸　K=カリ

# キュウリ

果菜類 ◆ ウリ科

## 土壌環境づくりのポイント

**畑＆庭栽培** 土中に深く根を伸ばさない（浅根性）酸素要求度の高い野菜なので、土壌の環境変化の影響を受けやすい。とくに乾燥と過湿に弱い。このため、深く耕して通気性と水はけのよい土づくりを心がける。植え付け前に堆肥や黒のマルチフィルムなどで畝全体を覆って地温を高めておくと、苗の根の伸長が促されるのでおすすめ。

**コンテナ栽培** 酸素要求度が高いので、できるだけ土の表面積を広く確保できる間口の広いコンテナを用意すること。さらに用土が多く入る大きさがよいので、深さは最低でも20㎝以上を確保する。混合用土は黒土：腐葉土＝7：3が基準。

## 肥料を施すポイント

**畑＆庭栽培** 土壌改良効果と肥料効果をあわせもつバーク堆肥を１㎡当たり２kg投入し、これに長期間肥効の続く有機質系肥料と過リン酸石灰各50g、化成肥料（N：P：K＝8：8：8）50gを元肥として入れる。収穫開始後、葉色が悪く生長点に勢いが見られないときは、２週間に１回の頻度で、化成肥料を１株当たり10ｇ程度畝間に追肥する。

**コンテナ栽培** 用土10ℓ当たり、元肥として過リン酸石灰または苦土石灰10ｇ、化成肥料（N：P：K＝7：6：5）50gを混合する。肥料入りの市販用土に元肥は不要。追肥は第一果収穫後から、汎用液肥を１週間に２〜３回与える。

# ナス

果菜類 ◆ ナス科

## 土壌環境づくりのポイント

**畑＆庭栽培** ナスは土中深くまで根を伸ばすが、根の酸素要求度は高く、過乾燥、過湿には強くない。このため、日当たりのよい場所を選び、繊維質の多いバーク堆肥を１㎡当たり２kg以上を、苗の植え付け前に均一に混合して通気性と水はけの改良を行っておく。畝は高さ20㎝以上の高畝として、さらに通気性、水はけ改良に配慮する。

**コンテナ栽培** ナスは長期間収穫するので、十分に根を張らせることが大切。このためコンテナは、深さ20㎝以上で、用土10ℓ以上入るものを用意する。用土は、通気性、保水性を考慮して黒土：腐葉土：苦土石灰=7：2：1の混合とする。

## 肥料を施すポイント

**畑＆庭栽培** 元肥として、1㎡当たり化成肥料（N：P：K=8：8：8）150gと過リン酸石灰150gを、バーク堆肥といっしょに割肥にして投入する。追肥は一番果が着果したら、株周りに1株当たり50gの油かすを施し、以降月１回の頻度で同量を施す。収穫最盛期には100gを畝間に追肥して、肥料切れを起こさないように配慮すること。

**コンテナ栽培** 元肥として用土10ℓ当たり化成肥料（N：P：K=8：8：8）と過リン酸石灰10gを混合する。以降一番果が着果したら、月２回化成肥料（N：P：K=8：8：8）10gか、汎用液肥を、水やりをかねてこまめに追肥する。

# ニガウリ

果菜類◆ウリ科

## 土壌環境づくりのポイント

**畑＆庭栽培** 夏の日よけに利用されるほど高温乾燥にはめっぽう強いが、過湿には弱い。このため水はけ、通気性のよい土作りを心がける。水はけ、通気性の改良には繊維堆肥が有効。苗植え付け前に、１㎡当たりバーク堆肥なら２kg以上と苦土石灰150ｇをすき込む。また、定植後に株元に水がたまらないように、高畝にして植える。

**コンテナ栽培** 深さ20㎝以上、用土が20ℓ以上入るコンテナを準備する。底土として軽石などを敷きつめ、通気性と保水性をかね備えた混合用土（黒土：腐葉土：苦土石灰＝7：2：1）を入れる。支柱を使ってカーテン状にツルを伸ばしてやる。

## 肥料を施すポイント

**畑＆庭栽培** 元肥として、牛ふんや豚ぷん堆肥を１㎡当たり２kg入れ、有機配合肥料（N：P：K=7：8：7）か化成肥料（N：P：K=8：8：8）を１㎡当たり50g施す。一番果が親指大になったら、油かすを１㎡当たり100g追肥する。収穫開始後、葉色が悪く生長点に勢いが見られないときは、２週間に１回、化成肥料を１株当たり10g追肥する。

**コンテナ栽培** 用土10ℓ当たり、元肥として過リン酸石灰または苦土石灰10g、化成肥料（N：P：K=7：6：5）50gを均一に混合する。肥料入りの市販用土に元肥は不要。追肥は第一果収穫後から、汎用液肥を１週間に２～３回与える。

# ピーマン

果菜類◆ナス科

## 土壌環境づくりのポイント

**畑＆庭栽培** 日当たり、風通しがよい場所なら、土質を選ばずによく育つが多湿には極端に弱い。水はけ、通気性を改良するために、苗植え付け前に、１㎡当たりバーク堆肥なら２kg以上と苦土石灰150gを施用してすき込む。また、定植後に株元に水がたまらないように、高畝の植え床を用意する。ナス科を栽培した後の連作は避けること。

**コンテナ栽培** １株栽培するためには、少なくとも深さ20㎝以上、用土が20ℓ以上入る大きめのコンテナを準備する。底土として軽石などを敷きつめた上に、通気性と保水性をかね備えた混合用土（黒土：腐葉土：苦土石灰＝7：2：1）を使う。

## 肥料を施すポイント

**畑＆庭栽培** 元肥として１㎡当たりバーク堆肥４kg、過リン酸石灰150gと化成肥料（N：P：K＝8:8:8）150gを施す。追肥は、二番果が着果したら、１株当たり油かす50gか米ぬか100gを、20日に１回、畝間か株間に施す。収穫開始後、葉色が悪く勢いがないときは、１週間に１回、化成肥料を１株当たり10ｇか汎用液肥を追肥する。

**コンテナ栽培** 用土10ℓ当たり、元肥として過リン酸石灰または苦土石灰10g、化成肥料（N：P：K=7：6：5）50gを混合する。肥料入りの市販用土に元肥は不要。追肥は第一果収穫後から、汎用液肥を１週間に２～３回与える。

# ミニカボチャ

果菜類 ◆ ウリ科

## 土壌環境づくりのポイント

**畑&庭 栽培** 果菜類ではもっとも肥料を吸収する力が強く、日当たり、風通しがよい場所なら、土質を選ばずよく育つが多湿には弱い。水はけ、通気性を改良するために、直まきか苗植え付け前には、1㎡当たりバーク堆肥なら2kg以上と苦土石灰150gを施用してすき込む。また、定植後に株元に水がたまらないように、高畝にして植える。

**コンテナ 栽培** 深さ20㎝以上、用土が20ℓ以上入るコンテナを準備する。底土として軽石などを敷きつめた上に、通気性と保水性をかね備えた混合用土（黒土：腐葉土：苦土石灰＝7：2：1）を使う。ツルが伸びたら、行灯仕立てがおすすめ。

## 肥料を施すポイント

**畑&庭 栽培** 元肥として、油かすか米ぬかを1㎡当たり100g以上を施す。化成肥料の場合は、N：P：K＝8：8：8を50g施す。二番果が卵大の大きさで着果したら、追肥として化成肥料50gか米ぬか100gを株周りに施す。葉色が悪く生長点に勢いが見られないようなときは、2週間に1回の頻度で、化成肥料を1株当たり10g畝間に追肥する。

**コンテナ 栽培** 用土10ℓ当たり、元肥として過リン酸石灰または苦土石灰10g、化成肥料（N：P：K＝7：6：5）50gを均一に混合する。肥料入りの市販用土に元肥は不要。追肥は第一果収穫後から、汎用液肥を1週間に2～3回与える。

# インゲン

果菜類 ◆ マメ科

## 土壌環境づくりのポイント

**畑&庭 栽培** マメ科であるが、肥沃な土壌を好む。連作は生育が悪いので避けること。また強酸性土壌や過乾燥にも弱い。水はけをよくするためにバーク堆肥やパーライトなどを混ぜて土壌改良を行うと同時にアルカリ資材をよく混和して酸度矯正する。タネまき前に、1㎡当たりバーク堆肥なら2kg以上と苦土石灰150gを施してよく混ぜる。

**コンテナ 栽培** 直根がまっすぐに伸び、土壌の乾燥を抑えるためにできるだけ深い容器がよい。深さ30㎝以上の大型コンテナか用土の空き袋を準備する。用土は通気性と保水性をかね備えた混合用土（黒土：腐葉土：苦土石灰＝7：2：1）を使う。

## 肥料を施すポイント

**畑&庭 栽培** タネまきの前に、1㎡当たり元肥として発酵鶏ふん1kgと過リン酸石灰50gを投入してよく混和する。追肥は、葉色が淡く生育が思わしくないときに1㎡当たり化成肥料（N：P：K＝8：8：8）を50g条間に施す。乾燥が続いて葉色が淡い場合は追肥より畝間に水やりすると効果が大きい。

**コンテナ 栽培** 用土10ℓ当たり、元肥として過リン酸石灰または苦土石灰10g、化成肥料（N：P：K＝8：8：8）12gを均一に混合する。肥料入りの市販用土に元肥は不要。追肥はタネまき1か月後に汎用液肥を1週間に1回の頻度で与える。

# エダマメ

果菜類 ◆ マメ科

## 土壌環境づくりのポイント

**畑＆庭栽培** やせ地でも育つが、砂質の多い乾燥しやすい土壌では生育がよくないので、有機質が多く粘土質で保水力のある土質に改良する。タネ直まき前に、バーク堆肥と、栄養堆肥である発酵鶏ふんを1㎡当たり各2kg以上、これに苦土石灰か過リン酸石灰150gを混ぜてすき込んでおく。とくに畝立てをする必要はなく平畝で十分。

**コンテナ栽培** 深さ30㎝以上、用土が30ℓ以上入るコンテナを準備する。底土として軽石などを敷きつめた上に、通気性と保水性をかね備えた混合用土（黒土：腐葉土：苦土石灰＝7：2：1）を入れる。市販培土の場合は重い土を使うこと。

## 肥料を施すポイント

**畑＆庭栽培** 肥料過多だと茎葉ばかりが生長して、開花しても結実しない。タネまき2週間前に、1㎡当たり苦土石灰を10gと元肥として油かすか米ぬか一握り（50g）を施して、土とよく混ぜおく。化成肥料の場合は、N：P：K＝8：8：8を50g施す。葉色がうすい場合は、化成肥料50gか米ぬか100gを株間に与える。

**コンテナ栽培** 用土10ℓ当たり、元肥として過リン酸石灰または苦土石灰10g、化成肥料（N：P：K＝7：6：5）30gを混合する。肥料入りの市販用土に元肥は不要。追肥は汎用液肥を1週間に1～2回与え、開花したら週1回とすること。

# トウモロコシ

果菜類 ◆ イネ科

## 土壌環境づくりのポイント

**畑＆庭栽培** 日当たりよい場所なら土質を選ばずよく育つが強風には弱いので根を深く張らせることが重要。タネ直まき前に、水はけ、通気性を改良するためのバーク堆肥と、栄養堆肥である発酵鶏ふんを1㎡当たり各2kg以上、これに苦土石灰か過リン酸石灰150gを混ぜてすき込んでおく。畝立てをする必要はなく平畝で十分である。

**コンテナ栽培** 30㎝以上、用土が30ℓ以上入るコンテナを準備する。底土として軽石などを敷きつめた上に、通気性と保水性をかね備えた混合用土（黒土：腐葉土：苦土石灰＝7：2：1）を入れる。市販培土の場合はできるだけ重い土を使うこと。

## 肥料を施すポイント

**畑＆庭栽培** 肥料を吸い上げる力が非常に強いので、元肥として油かすを1㎡当たり100g以上を施す。化成肥料の場合は、N:P:K＝8:8:8を100g与える。葉色がうすいなど肥料切れの症状があって追肥する場合は、化成肥料50gか米ぬか100gを畝間に施す。ただし追肥は必ず出穂前に行うこと。出穂後の追肥はほとんど効果がない。

**コンテナ栽培** 用土10ℓ当たり、元肥として過リン酸石灰または苦土石灰10g、化成肥料（N:P:K＝7：6：5）50gを均一に混合する。肥料入りの市販用土に元肥は不要。追肥は汎用液肥を1週間に2～3回与え、出穂が見られたら終えること。

# タマネギ

葉菜類 ◆ ユリ科

## 土壌環境づくりのポイント

**畑＆庭栽培** 寒さには強いが、高温多湿、土壌の乾燥に弱い。このため粘土質で保水性の高い場所を選ぶ。砂質土壌で水はけがよすぎる場合は、苗植え付け前に、有機質の多いバーク堆肥を1㎡当たり4kgとヨウリンか過リン酸石灰150gを混ぜてすき込み保水性を高めておく。厚さ10cm以上に敷きつめる有機物マルチによる効果も大きい。

**コンテナ栽培** 深さ20cm以上のコンテナか用土の空き袋などを用意する。用土は通気性と保水性をかね備えた混合用土（黒土：腐葉土：苦土石灰＝7：2：1）を使う。市販培養土の場合は、できるだけ重量のある混合比率のものを選ぶこと。

## 肥料を施すポイント

**畑＆庭栽培** 生育初期にリン酸を効かせることが大切。このため元肥には、リン酸含量の多い発酵鶏ふんを1㎡当たり2kgを投入し土とよく混ぜる。追肥は、秋まき栽培の場合、3月上旬をめどに速効性の過リン酸石灰を1㎡当たり50gを条間に追肥する。気温が上昇して根が動き出してからの追肥は病気を誘発する。

**コンテナ栽培** 用土10ℓ当たり、元肥として過リン酸石灰または苦土石灰10g、化成肥料（N：P：K＝8：8：8）12gを均一に混合する。肥料入りの市販用土に元肥は不要。追肥は植え付け1か月後に汎用液肥を1週間に1回与える。

# イチゴ

果菜類 ◆ バラ科

## 土壌環境づくりのポイント

**畑＆庭栽培** 水はけが悪く滞水しやすい場所や、砂質の多い乾燥しやすい土壌では生育がよくないので、有機質が多く粘土質で通気性のよい土質に改良する。苗定植前に、水はけ、通気性を改良するためのバーク堆肥と、栄養堆肥である発酵鶏ふんを1㎡当たり各2kg以上、これに苦土石灰か過リン酸石灰150gを土とよく混ぜてすき込んでおく。

**コンテナ栽培** 深さ30cm以上、用土が30ℓ以上入るコンテナを準備する。底土として軽石などを敷きつめた上に、通気性と保水性をかね備えた混合用土(黒土：腐葉土：苦土石灰＝7：2：1)を入れる。市販培土の場合は重い土を使うこと。

## 肥料を施すポイント

**畑＆庭栽培** 果実肥大の際に肥料切れにならないように、元肥として1㎡当たり発酵鶏ふんを1kg、米ぬか2kg、過リン酸石灰100g以上を施す。化成肥料の場合は、N：P：K＝8：8：8を100g施す。追肥は、定植後2週間以降1月下旬までに2回に分けて、化成肥料(N：P：K＝8：8：8)を、1回1㎡当たり50～60gを株周りに施す。

**コンテナ栽培** 用土10ℓ当たり、元肥として過リン酸石灰または苦土石灰10g、化成肥料(N：P：K＝7：6：5) 50gを均一に混合する。肥料入りの市販用土に元肥は不要。追肥は汎用液肥を週2～3回与え、開花したら液肥は週1回とする。

# ホウレンソウ

葉菜類 ◆ アカザ科

## 土壌環境づくりのポイント

**畑&庭栽培** 有機質に富む保水性のある土質が最適。高温多湿に弱く、また強酸性土壌では極端に生育不良となるので土壌改良を行う。タネまき前に1㎡当たりバーク堆肥2kgと苦土石灰100g、過リン酸石灰50gを混合して均一にすき込む。未熟な有機物をすき込む場合は、タネまき1か月くらい前にすませる。

**コンテナ栽培** 深さ20cm以上、用土が20ℓ以上入る大きめのコンテナを準備する。通気性と保水性をかね備えた混合用土（黒土：腐葉土：苦土石灰=7：2：1）を使う。市販培養土の場合は、重量のある保水性の高い混合培養土ものを選ぶこと。

## 肥料を施すポイント

**畑&庭栽培** 上述の土壌改良の際に、元肥として1㎡当たり米ぬか1kgと化成肥料(N：P：K=8：8：8) 50g施肥して土とよく混ぜる。秋冬栽培では45～90日、春夏で30～40日の短期間で収穫期に達するので、基本的には追肥はしないで育てる。乾燥が続いて葉色が淡くなった場合は、朝晩に水やりを行うと効果が大きい。

**コンテナ栽培** 用土10ℓ当たり、元肥として過リン酸石灰または苦土石灰10g、化成肥料(N：P：K=8：8：8) 12gを混合する。肥料入りの市販用土に元肥は不要。追肥はタネまき後、本葉4～5枚になったら、汎用液肥を1週間に1回与える。

# 長ネギ

葉菜類 ◆ ユリ科

## 土壌環境づくりのポイント

**畑&庭栽培** 酸素要求度が高く、根は表層に集中する。また寒さには強いが、高温多湿、水はけの悪い土壌には弱い。強酸性土も生育不良をきたす。できれば砂質で水はけ、通気性のよい場所を選ぶ。水はけが悪い場合は、苗植え付け前に、有機質の多いバーク堆肥を1㎡当たり4kgとヨウリン150gを混和してすき込んで保水性を高めておく。

**コンテナ栽培** 深さ30cm以上のコンテナか用土の空き袋を用意する。用土は通気性と保水性をかね備えた混合用土（黒土：腐葉土：苦土石灰=7：2：1）を使う。市販培養土の場合は、できるだけ重量のある混合比率のものを選ぶこと。

## 肥料を施すポイント

**畑&庭栽培** ネギはリン酸を効かせることが大切。このため元肥には、リン酸含量多く長期間肥効の続く発酵鶏ふんを1㎡当たり2kgと過リン酸石灰100gを施す。追肥は土寄せ作業に合わせて、1㎡当たり化成肥料（N：P：K=8：8：8）10g、過リン酸石灰を50gを条間に追肥する。気温が上昇して根が動きだしてからの追肥は避ける。

**コンテナ栽培** 用土10ℓ当たり、元肥として過リン酸石灰10g、化成肥料(N:P:K=8:8:8) 12gを均一に混合する。肥料入りの市販用土の場合は元肥不要。追肥は植え付け後翌年2月までに汎用液肥を1週間に1回与えること。

# ハクサイ

葉菜類 ◆ アブラナ科

## 土壌環境づくりのポイント

**畑＆庭栽培** 有機質に富む保水性のある土質が最適。細根が表層に集中するので高温多湿、乾燥には弱い。タネまきまたは苗定植前に1㎡当たり発酵鶏ふん1kgと過リン酸石灰100gを混合してすき込む。未熟なバークや有機物をいっしょにすき込む場合は、タネまき1か月前にすませておくこと。施用後すぐにまくと根が傷むので注意が必要。

**コンテナ栽培** 深さ20㎝以上、用土が20ℓ以上入るコンテナを準備する。通気性と保水性をかね備えた混合用土（黒土：腐葉土：苦土石灰＝7：2：1）を使う。市販培養土の場合は、重量のある保水性の高い混合培養土ものを選ぶこと。

## 肥料を施すポイント

**畑＆庭栽培** 上述の発酵鶏ふんに加えて、元肥として1㎡当たり米ぬか1kgと化成肥料（N：P：K＝8：8：8）15g施肥して土とよく混ぜる。生育途中で肥料切れを起こさないように、結球開始時期を見計らって、化成肥料（N：P：K＝8：8：8）1㎡当たり25gを目安に株周りに施肥する。乾燥続きで弱っている場合は、畝間潅水すると効果がある。

**コンテナ栽培** 用土10ℓ当たり、元肥として過リン酸石灰または苦土石灰10g、化成肥料（N：P：K＝8：8：8）12gを混合する。肥料入りの市販用土に元肥は不要。追肥はタネまきもしくは苗定植1か月後に汎用液肥を1週間に1回与える。

# キャベツ

葉菜類 ◆ アブラナ科

## 土壌環境づくりのポイント

**畑＆庭栽培** 有機質に富む保水性のある土質が最適。水はけが悪いと病気発生要因となるので、その場合は土壌改良を行う。苗定植前に1㎡当たり発酵鶏ふん1kgと過リン酸石灰100gを混合してすき込む。未熟なバークや有機物をすき込む場合は、苗定植1か月前にすませておくこと。施用後すぐに植えると根が傷むので注意が必要。

**コンテナ栽培** 深さ20㎝以上、用土が20ℓ以上入るコンテナを準備する。通気性と保水性をかね備えた混合用土（黒土：腐葉土：苦土石灰＝7：2：1）を使う。市販培養土の場合は、重量のある保水性の高い混合培養土ものを選ぶこと。

## 肥料を施すポイント

**畑＆庭栽培** 上述の発酵鶏ふんに加えて、元肥として1㎡当たり米ぬか1kgと化成肥料（N：P：K＝8：8：8）100gを施して土とよく混ぜる。結球開始時期を見計らって、化成肥料（N：P：K＝8：8：8）1㎡当たり10gを目安に株周りに施肥する。乾燥が続いて葉色が淡く生長点に勢いが見られないようなときは、畝間潅水を行うと効果大。

**コンテナ栽培** 用土10ℓ当たり、元肥として過リン酸石灰または苦土石灰10g、化成肥料（N：P：K＝8：8：8）12gを混ぜる。肥料入りの市販用土に元肥は不要。追肥はタネまきもしくは苗定植1か月後に汎用液肥を1週間に1回与える。

# ブロッコリー

葉菜類 ◆ アブラナ科

## 土壌環境づくりのポイント

**畑＆庭栽培** 有機質に富む保水性のある土質が最適。水はけが悪いと病気発生要因となるので、その場合は土壌改良を行う。苗定植前に1㎡当たり発酵鶏ふん1kgと過リン酸石灰100gを混合してすき込む。未熟なバークや有機物をすき込む場合は、苗定植1か月前にすませておくこと。施用後すぐに植えると根が傷むので注意が必要。

**コンテナ栽培** 深さ20㎝以上、用土が20ℓ以上入るコンテナを準備する。通気性と保水性をかね備えた混合用土（黒土：腐葉土：苦土石灰＝7：2：1）を使う。市販培養土の場合は、重量のある保水性の高い混合培養土ものを選ぶこと。

## 肥料を施すポイント

**畑＆庭栽培** 上述の発酵鶏ふんに加えて、元肥として1株当たり米ぬか1kgと化成肥料（N：P：K＝8：8：8）100g施肥して土とよく混和する。生育途中で肥料切れを起こさないように、花蕾発生期を見計らって、化成肥料（N：P：K＝8：8：8）1㎡当たり10gを目安に株周りに施す。乾燥が続いたときは、畝間に水やりすると効果が大きい。

**コンテナ栽培** 用土10ℓ当たり、元肥として過リン酸石灰または苦土石灰10g、化成肥料（N：P：K＝8：8：8）12gを均一に混合する。肥料入りの市販用土に元肥は不要。追肥は苗定植2週間後に汎用液肥を1週間に1回与える。

# レタス

葉菜類 ◆ キク科

## 土壌環境づくりのポイント

**畑＆庭栽培** 有機質に富む保水性のある土質が最適。水はけが悪いと病気発生するので、その場合は土壌改良を行う。苗定植前に1㎡当たり発酵鶏ふん1kgと過リン酸石灰100g、苦土石灰50gを混合してすき込む。未熟な有機物を投入する場合は、苗定植1か月前にすませておくこと。施用後すぐに植えると根が傷むので注意が必要。

**コンテナ栽培** 深さ20㎝以上、用土が20ℓ以上入るコンテナを準備する。通気性と保水性をかね備えた混合用土（黒土：腐葉土：苦土石灰＝7：2：1）を使う。市販培養土の場合は、重量のある保水性の高い混合培養土ものを選ぶこと。

## 肥料を施すポイント

**畑＆庭栽培** 上述の発酵鶏ふんに加えて、元肥として生育途中で肥料切れを起こさないように、1㎡当たり米ぬか1kgと化成肥料（N：P：K＝8：8：8）150g施して土とよく混ぜる。追肥は基本的にやらない。それでも乾燥が続いて、葉色が淡く生育が止まるような症状が見られるときは、株元に水やりすると効果が大きい。

**コンテナ栽培** 用土10ℓ当たり、元肥として過リン酸石灰または苦土石灰10g、化成肥料（N：P：K＝8：8：8）12gを均一に混合する。肥料入りの市販用土に元肥は不要である。追肥は苗定植1か月後に汎用液肥を1週間に1～2回与える。

# ニンジン

根菜類◆セリ科

## 土壌環境づくりのポイント

**畑&庭栽培** 土質はキメの細かい砂地が理想。粘土質や小石が多い土壌は肌が荒れて岐根発生も多くなるので、バーク堆肥、砂やパーライトなどを混ぜて土壌改良をする。強酸性土を嫌い、土壌の乾燥には極端に弱い。水はけ、通気性を改良するために、タネまき前に、1㎡当たりバーク堆肥なら2kg以上と苦土石灰150gを施用してよく混ぜる。

**コンテナ栽培** ニンジンは直根がまっすぐに伸び、その後横に肥大していく。五寸ニンジンであれば、深さ30cm以上の大型コンテナか用土の空き袋を準備する。通気性と保水性のある混合用土(黒土：腐葉土：苦土石灰=7：2：1)を使う。

## 肥料を施すポイント

**畑&庭栽培** 前作の肥料分が残っていたら、岐根やヒゲ根の発生を抑えるために元肥はやらずに、直根が伸びたタネまき1か月後を目安に追肥をやる。追肥は、化成肥料(N：P：K=8：8：8)を2回の間引きの際に、1㎡当たり100gを目安に条間に施肥する。葉色が淡く生長点に勢いがないときは、畝間に水やりを行うと効果が大きい。

**コンテナ栽培** 用土10ℓ当たり、元肥として過リン酸石灰または苦土石灰10g、化成肥料(N：P：K=8：8：8) 12gを均一に混合する。肥料入りの市販用土に元肥は不要。追肥はタネまき1か月後に汎用液肥を1週間に1回与える。

# ダイコン

根菜類◆アブラナ科

## 土壌環境づくりのポイント

**畑&庭栽培** 土質はキメの細かい砂地が理想。粘土質や小石が多い土壌は肌が荒れて岐根発生も多くなるので、完熟バーク堆肥や砂、パーライトなどを混ぜて土壌改良をする。強酸性土を嫌い、土壌の乾燥には弱い。水はけ、通気性を改良するために、タネまき前に、1㎡当たりバーク堆肥なら2kg以上と苦土石灰150gを施してよく混ぜる。

**コンテナ栽培** ダイコンは直根がまっすぐに伸び、その後横に肥大していく。ミニダイコンでも、深さ30cm以上の大型コンテナか用土の空き袋を準備する。通気性と保水性をかね備えた混合用土(黒土：腐葉土：苦土石灰=7：2：1)を使う。

## 肥料を施すポイント

**畑&庭栽培** 上述の土作りの際に、元肥として1㎡当たり化成肥料(8：8：8)を50g施して土とよく混ぜる。必要な場合は、直根が伸びたタネまき1か月後を目安に追肥をやる。追肥は、化成肥料(N：P：K=8：8：8)を間引きの際に、1㎡当たり20gを目安に条間に施肥する。乾燥が続いたときは、畝間に水やりすると効果が大きい。

**コンテナ栽培** 用土10ℓ当たり、元肥として過リン酸石灰または苦土石灰10g、化成肥料(N：P：K=8：8：8) 12gを均一に混合する。肥料入りの市販用土に元肥は不要。追肥はタネまき1か月後に汎用液肥を1週間に1回与える。

# ジャガイモ

根菜類 ◆ ナス科

## 土壌環境づくりのポイント

**畑＆庭栽培** 土質はキメの細かい砂地が理想。強い粘土質や小石が多い土壌は肌がゴツゴツと荒れる。また水はけ、通気性が悪いとイモが腐る危険性が高くなる。水はけ、通気性を改良するためには、バーク堆肥、砂やパーライトなどをよくすき込む。植え付け前に、１㎡当たりバーク堆肥なら２kgと苦土石灰150gを施してよく混和する。

**コンテナ栽培** ジャガイモは土寄せするとよいものができる。それを考慮して深さ20㎝以上で用土が多く入る、コンテナか市販用土の空き袋などを準備する。用土は通気性と保水性をかね備えた混合（黒土：腐葉土：苦土石灰＝7：2：1）を使う。

## 肥料を施すポイント

**畑＆庭栽培** ジャガイモは短期間で収穫にいたる。肥料がダラダラ効いているとイモの肥大が遅れるので、収穫時期に肥料が切れるように施す。追肥はしない。速効性の化成肥料（N：P：K＝8：8：8）をバーク堆肥などに混ぜて畝に割り肥にする。乾燥が続いたときは、畝間に水やりを行うと効果が大きい。

**コンテナ栽培** 用土10ℓ当たり、元肥として過リン酸石灰または苦土石灰10g、化成肥料（N：P：K＝8：8：8）12gを均一に混合する。肥料入りの市販用土に元肥は不要。追肥はタネまき１か月後に汎用液肥を１週間に１回与える。

# カブ

根菜類 ◆ アブラナ科

## 土壌環境づくりのポイント

**畑＆庭栽培** 日当たりよく、有機質に富む保水性のある土質が最適。高温多湿、乾燥には弱い。タネまき前に、１㎡当たり栄養堆肥である発酵鶏ふん２kg以上と過リン酸石灰150gを混合してすき込む。未熟なバークや有機物をすき込む場合は、タネまきまでに１か月くらい時間をかけること。すぐに播くと肌あれや根形がいびつになるので注意が必要。

**コンテナ栽培** 深さ20㎝以上、用土が20ℓ以上入る大きめのコンテナを準備する。通気性と保水性をかね備えた混合用土（黒土：腐葉土：苦土石灰＝7：2：1）を使う。

## 肥料を施すポイント

**畑＆庭栽培** 元肥として、油かすか米ぬかを１㎡当たり100gを施す。化成肥料の場合は、N：P：K＝8：8：8を50g与える。追肥する場合は、１㎡当たり化成肥料50gか米ぬか100gを条間に施用する。葉色が悪く、生長点に勢いが見られない場合は、２週間に１回、化成肥料を１株当たり10g程度株間に追肥する。

**コンテナ栽培** 用土10ℓ当たり、元肥として過リン酸石灰または苦土石灰10g、化成肥料（N：P：K＝7：6：5）50gを均一に混合する。肥料入りの市販用土に元肥は不要。追肥は第一果収穫後から、汎用液肥を１週間に２～３回与える。

# サツマイモ

根菜類 ◆ ヒルガオ科

## 土壌環境づくりのポイント

**畑&庭栽培** 土質を選ばず、乾燥に強くやせ地でよく育つ。水はけ、通気性が悪いと生育不良になり病気発生するので、その場合は土壌改良を行う。苗定植前に1㎡当たりバーク堆肥2kgと過リン酸石灰100g、苦土石灰50gを混合してすき込む。未熟な有機物を投入する場合は、苗定植1か月くらい前にすませておくこと。

**コンテナ栽培** 深さ30㎝以上、用土が20ℓ以上入る大きめのコンテナか用土肥料などの空き袋を用意する。通気性と保水性をかね備えた混合用土（黒土：腐葉土：苦土石灰=7：2：1）を使う。市販培養土の場合は、重量のある培養土を選ぶこと。

## 肥料を施すポイント

**畑&庭栽培** 肥料過多だと茎葉ばかりが生長して、いわゆるツルぼけとなってイモがほとんど肥大しない。苗の植え付け2週間前に、1㎡当たり苦土石灰を10g程度、元肥として油かすか米ぬか一握り（50g）施用して、土とよく混ぜておく。追肥はやらない。それでも乾燥が続いて生育が止まるような場合は、畝間に水やりを行うと効果がある。

**コンテナ栽培** 用土10ℓ当たり、元肥として過リン酸石灰10g、化成肥料（N:P:K=8:8:8）10gを混合する。市販用土を使用する場合は、肥料入りは使わないこと。追肥は不要であるが、苗定植1か月後に、汎用液肥を2週間に1回与える。

# サトイモ

根菜類 ◆ サトイモ科

## 土壌環境づくりのポイント

**畑&庭栽培** サトイモは高温多湿を好み、夏の暑さには強いが、土壌の乾燥には極端に弱い。このため粘土質で保水性の高い場所を選ぶ。砂質土壌で水はけがよすぎる場合は、バーク堆肥を1㎡当たり4kgと苦土石灰か過リン酸石灰150gを混ぜてすき込んで保水性を高める。厚さ10㎝以上に敷きつめる有機物マルチによる効果も大きい。

**コンテナ栽培** 深さ30㎝以上の大型コンテナか用土の空き袋などを用意する。用土は通気性と保水性をかね備えた混合用土（黒土：腐葉土：苦土石灰=7：2：1）を使う。市販培養土の場合は、できるだけ重量のある混合比率のものを選ぶこと。

## 肥料を施すポイント

**畑&庭栽培** 元肥には1㎡当たり鶏ふん4kgを主体に化成肥料（N：P：K=14：22：14）50gを割り肥にして施肥する。追肥は、化成肥料（N：P：K=8：8：8）を1㎡当たり20gを、土寄せ作業時に畝の肩部分に施す。葉が内側に巻いて、先端が変色をきたしたら過乾燥の状態なので、畝間に水やりを行うと効果が大きい。

**コンテナ栽培** 用土10ℓ当たり、元肥として過リン酸石灰または苦土石灰10g、化成肥料（N：P：K=8：8：8）12gを均一に混合する。肥料入りの市販用土に元肥は不要。追肥はタネまき1か月後に汎用液肥を1週間に1回与える。

# 土づくりに便利な道具

土づくりは、野菜づくりのなかではもっとも大切な作業です。スコップなどの道具も使う機会が多いので、長時間作業しても疲れを感じない、使い勝手のよいものを選ぶことが大事です。

## スコップ（ショベル）

土づくりの必需品。深く掘り返すのに便利な先の尖った丸型と、土をすくい取るのが楽な角型があります。

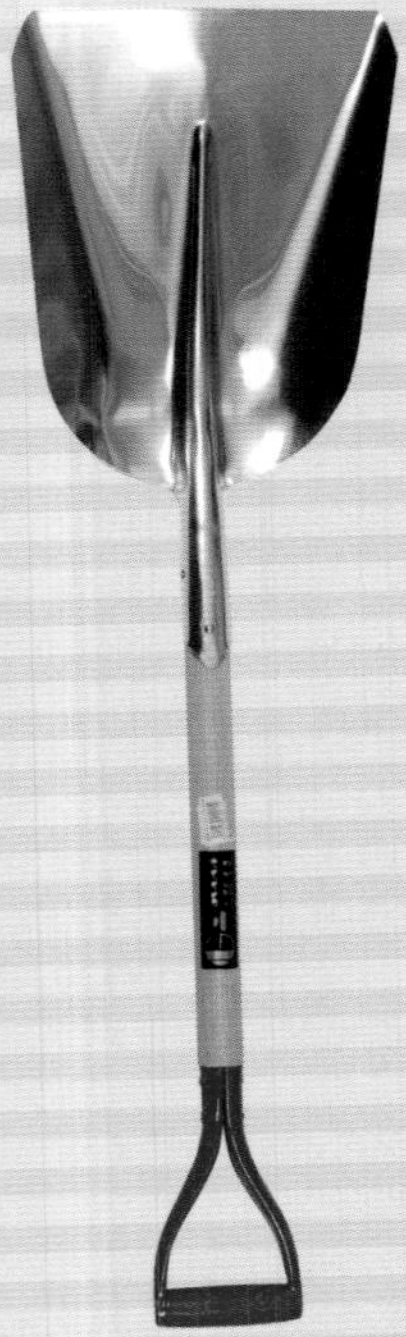

### 角型スコップ

土をすくって混ぜる道具で、側面が立ち上がり、すくったものが落ちないようになっている。

### スコップ

先端が尖っているところから、「剣スコップ」とも呼ばれる。足かけに足を乗せて力を入れ、土に差し込んで使う。

## 耕うん機（ミニ耕うん機）

広い面積の菜園を耕すときに、作業時間の短縮と労力の軽減になる。軽量で操作の簡単なものを選ぶようにすること。ミニ耕うん機は、操作が簡単で女性にも扱いやすい。

## レーキ

土の凹凸をならしたり、肥料の混入の際に使用します。刈り取った草を集めるのにも重宝します。

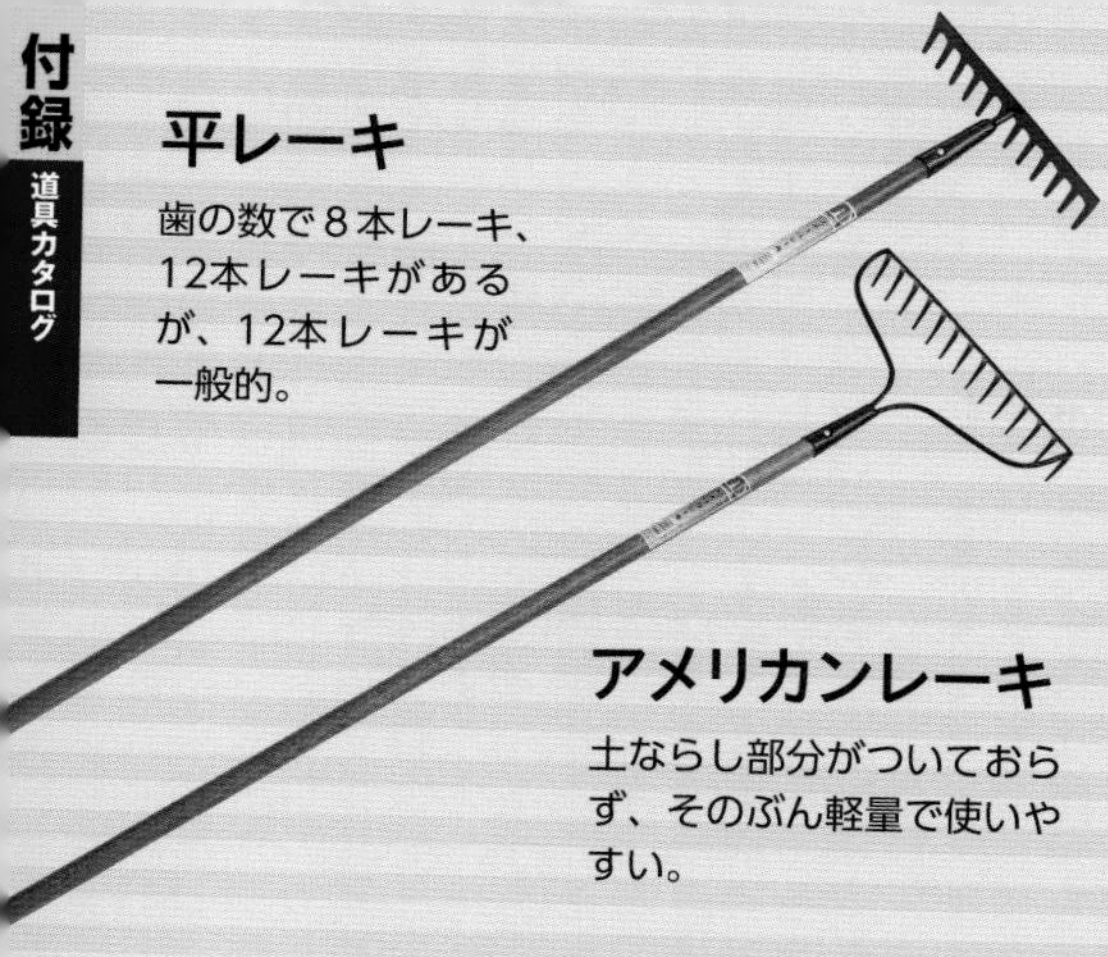

### 平レーキ

歯の数で８本レーキ、12本レーキがあるが、12本レーキが一般的。

### アメリカンレーキ

土ならし部分がついておらず、そのぶん軽量で使いやすい。

## クワ

畝だて作業の際に使います。また、マルチングや土寄せ、除草など、いろいろの作業に役立ちます。

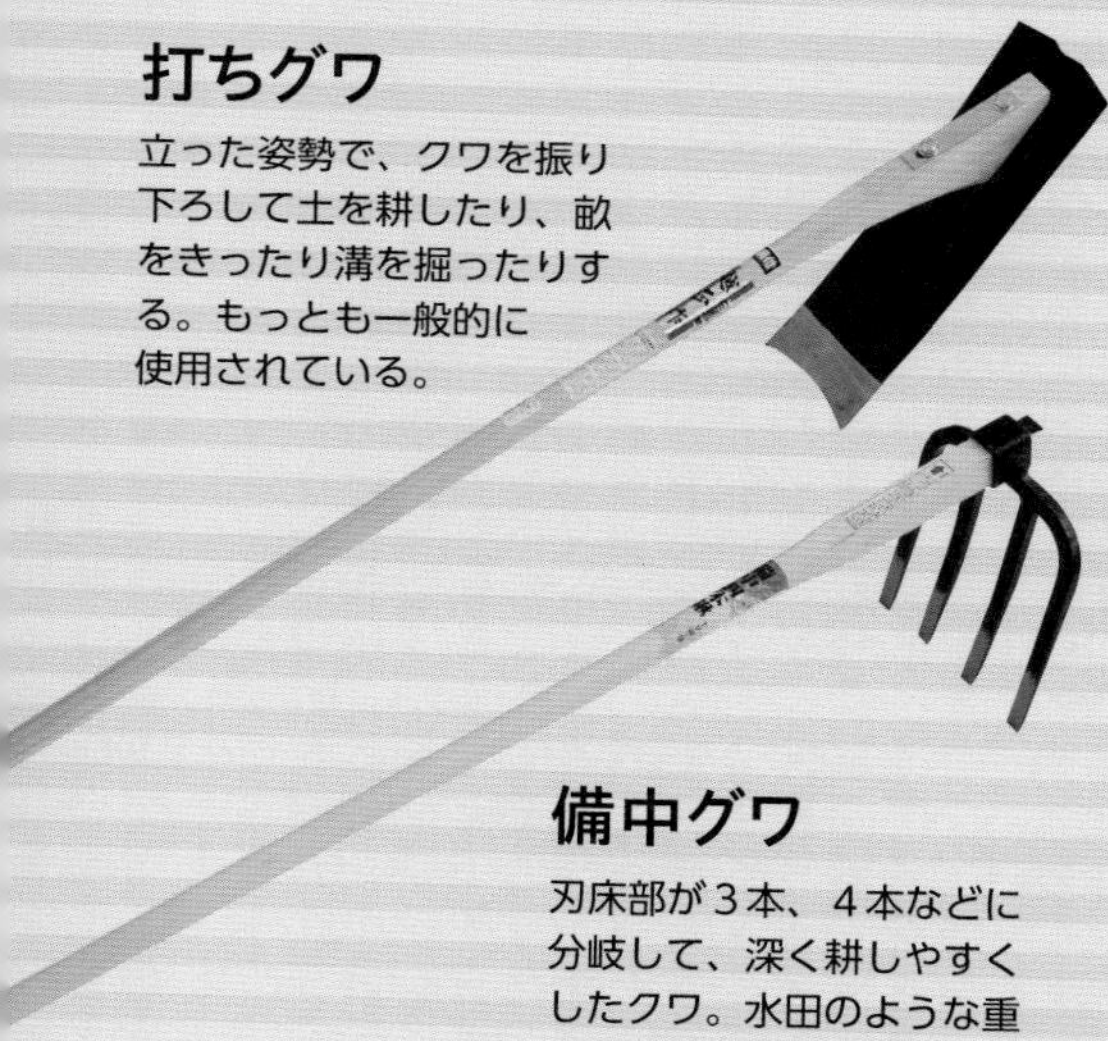

### 打ちグワ

立った姿勢で、クワを振り下ろして土を耕したり、畝をきったり溝を掘ったりする。もっとも一般的に使用されている。

### 備中グワ

刃床部が３本、４本などに分岐して、深く耕しやすくしたクワ。水田のような重い土を耕すときに用いる。

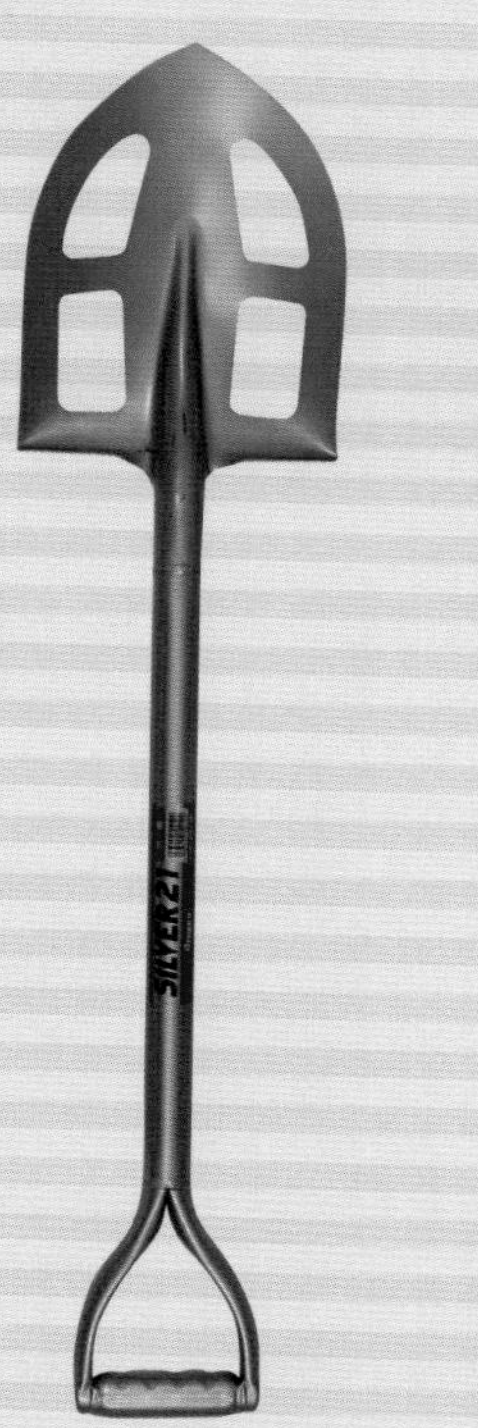

### 穴あきスコップ

スコップ面に穴があいているので軽く、土刺さりも土離れもよい。

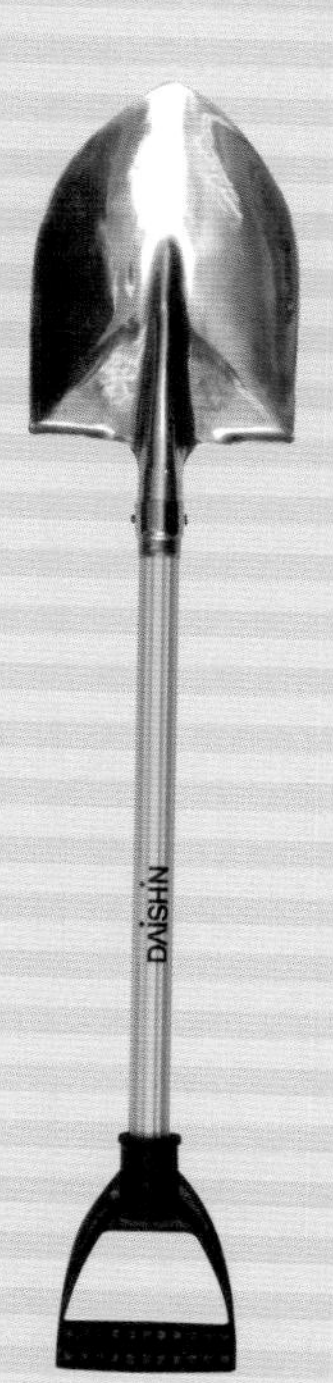

### 軽量スコップ

軽い金属製なので長時間使用しても疲れない。高齢者や女性向き。

## フォーク

刈り取った草や農作物など、軟らかいものを持ち上げたり、投げたり、また、運ぶときに使う。堆肥を持ち上げて土にすき込むときにも便利。

## クマデ

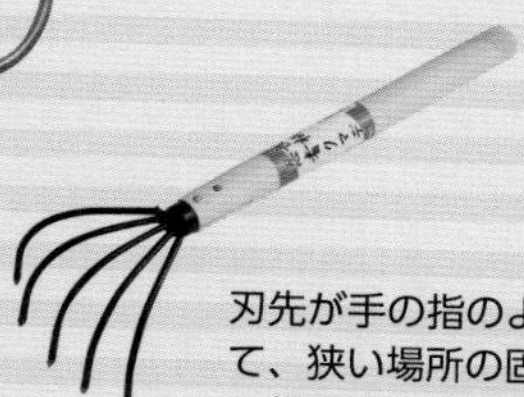

刃先が手の指のようになっていて、狭い場所の固まった土を掘り起こすときに便利。また、除草や追肥の際にも重宝する。

## ふるい

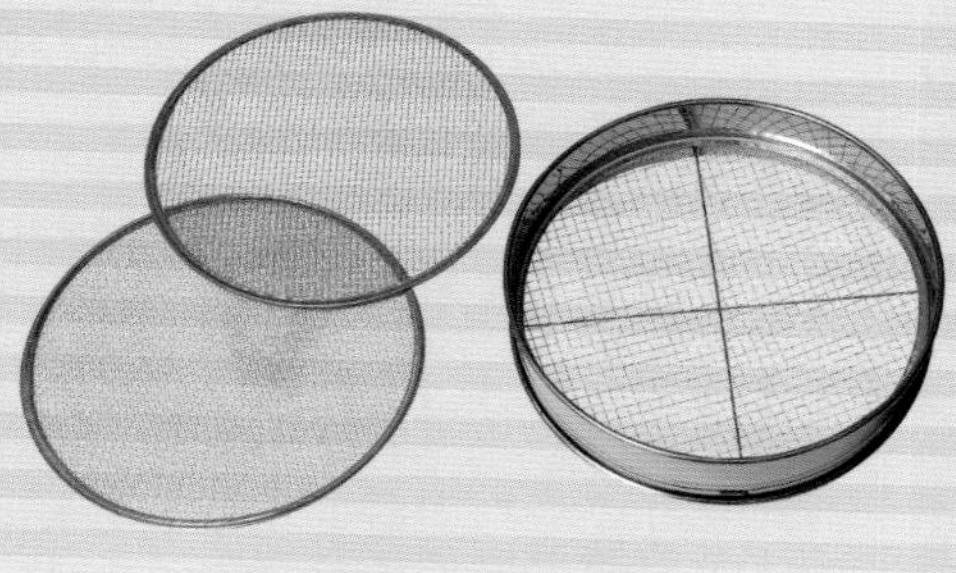

土粒の大きさをそろえたり、ゴミや小石などを取り除いたり、土をより分けるときに重宝するふるい（園芸用ふるい）は、一般的に７㎜ほどの粗い網目、５㎜ほどの中程度の網目、２㎜ほどの細かい網目の３種類がセットされている。

もう迷わない！

# 土・肥料を使いこなす Q&A

## Q01 土壌の過湿や過乾燥を有機物で守る方法はありますか？

**A** 水はけが悪く過湿状態の場合、通路や土地の低い場所に縦横及び深さ30cm前後の穴を掘って、そこに余分な水が流れ込むように誘導して排水するとよいでしょう。穴に足を取られないように、もみ殻燻炭（がらくんたん）や乾燥させた除草後の草を入れておくと安全です。

また、通路にライムギなどのムギ類を植えて水分を吸収させ、刈り取った地上部を草マルチに利用すれば、土中の乾燥を防いで地温も安定させ、有機物の供給にもなります。過乾燥を防ぐには草マルチも有効ですが、ラッカセイなどの地を這うように広がって生長する作物を混植し、地表をグリーンで覆うことで、乾燥を防ぐこともできます（➡P143）。

▲ライムギで草マルチ

## Q02 鉢の土は数年で交換しますが、畑の土は変えなくていいんですか？

**A** 鉢やプランターなど、限られた環境で長期間使用した土は、水はけが悪くなったり、肥力が乏しくなります。これは土の団粒（だんりゅう）構造が、水やりや根の生長などにより単粒化（たんりゅうか）することが原因で生じます。土の構造が崩れたことで、作物の生育には不適な土壌環境になります。そこで、土壌改良が必要となるため、植え替え時に土の交換や補充を行います。

しかし畑の場合、鉢のように器ではなく仕切りもない環境なので、土の構造が崩れることはありません。作物の植え替え時や土づくりの際、腐葉土や堆肥を混ぜることで、土壌環境を整えているため、土の交換は不要なのです。

なお、プランターなどで長期使用した土も再生すればまた使用できます。

▲堆肥の投入で土壌環境を整える。

## Q03 畑は新しい野菜をつくるたびに耕さなければならない？

**A** 元気で収穫量の多い作物ほど、土中の水を求めて四方八方へ根を張らせています。しかし、根が張ることで土の団粒構造が崩れてしまい、水はけが悪く、呼吸もしづらい土壌になります。

次の作物を植え付ける前に耕す（耕うんする）ことで土中に空気が入り、微生物も活性化され、土は単粒構造から団粒構造に整っていきます。作物が生長する快適な環境づくりを行うことで、土壌微生物が活動しやすく、作物が肥料を有効に吸収できる土壌になるのです。

耕す際に有機物を混ぜ込みますが、土壌微生物が有機物を分解するまでに1か月弱かかるため、畝づくりや植え付け時期から逆算して耕します。また、雨が降った直後の耕うんは、土がこねられてくっついてしまい、逆に水はけの悪い土壌になるので避けましょう。

## Q04 苗がよく病気にかかります。土の消毒をすればよくなりますか？

**A** 土の消毒には、専用の薬剤もありますが、残留農薬などのリスクを考えると、家庭菜園ではよっぽどな病気が発生しないかぎり使用しません。薬剤を使用せずに土壌病害を軽減させる方法として、以下の方法があります。

### マリーゴールドやネギ類の混植による消毒の方法

マリーゴールドの根に含まれる成分が、土中のセンチュウの被害を軽減させる効果があるため、作物の間にマリーゴールドを混植するとよいでしょう。また、マリーゴールドを畑にすき込んでも防虫効果が期待できます。ネギやニラなどは、根に共生する拮抗菌が抗生物質を土壌に出して、土を消毒する作用があり、土壌病原微生物を減らす効果があります。

▲マリーゴールドとズッキーニの混植

### 米ぬかを使った消毒の方法

土壌病原微生物には、酸素を多量に必要とするタイプのものが多くいます。そこで、米ぬかとマルチフィルムを利用して、土中の酸素量を少なくして還元状態にすることで、病原微生物の力を弱くします。

❶土壌に米ぬか（1㎡／200gが目安）をまき、20㎝の深さで耕うんする。 ❷その上から水をたっぷりかける（水たまりができ、田んぼ状態になるぐらい）。
❸マルチフィルムをしっかり張り、約1か月放置する。
❹どぶ臭いにおいがし始めたら、発酵が進み消毒ができていることになるが、周囲にもにおいが漂うので、貸し農園や住宅地内の畑では考慮する必要がある。

# Q05 エダマメの根についた粒。病気ですか？

**A** 根についていたもの、それは根粒菌（こんりゅうきん）です。エダマメやラッカセイなどのマメ科植物に見られるものです。根粒菌は植物の根から侵入して根粒をつくり、繁殖しながら空気中の窒素を固定し、作物が利用できる窒素成分をつくります。

マメ科の植物は根粒菌を自分でつくれるため、窒素肥料を施さなくても元気に生育します。一方、根粒菌はマメ科の植物の根から炭水化物を分け与えられているので、両者は共生関係にあることになります。

マメ科の植物は枯れても、根についていた根粒菌は脱落して土中に残ります。その結果、土壌の窒素成分が増えて肥沃な土地となるため、マメ科の植物を緑肥として利用したり、作物との混植することをおすすめします。

▲栽培後のエダマメは緑肥として使える。

▲エダマメの根についた根粒菌

# Q06 カブトムシの幼虫は駆除すべき？

**A** カブトムシの幼虫は土中の有機物を食べて分解し、腐植を増やす手伝いをしてくれるので駆除する必要はありません。カブトムシのふんに肥料成分を期待することはできませんが、土壌改良の助けとなることに間違いはないでしょう。

土中には、カブトムシの幼虫を小型にしたようなコガネムシの幼虫や、ヨトウムシ、ネキリムシなどの害虫もいます。幼虫やさなぎのうちに駆除しましょう。

土中に生息するミミズは、土壌微生物と協力して腐葉土や堆肥などを食べて分解し、肥沃な土壌づくりに貢献してくれます。特にふんにはカルシウムやリン酸、微量要素が含まれ、ミミズが生息する周辺には土壌微生物も活発に活動しています。そのため、コンポスト堆肥をつくる際にミミズを入れることも、よい堆肥をつくる手段となります。

◀カブトムシの幼虫

▶ヨトウムシのさなぎ

## Q07 葉やつるが元気に繁っているのに実やイモがつかないのはなぜ？

**A** トマトの葉色が濃くなったり、葉がカールして脇き芽が出てきたり、サツマイモの葉が大きく茎が太くなるなど、これは病気ではなく「つるぼけ」という症状です。葉やつるが繁茂しているのに、実やイモが未成熟のままでがっかりすることがあります。

つるぼけの原因は肥料過多です。元肥の入れすぎや追肥の施しすぎなどで、特に窒素成分が多く、夏場の気温が高めになると発生しやすくなります。土壌微生物が多い作地では、微生物が肥料バランスを整えるため、肥料過多になっても、つるぼけなどの症状は出にくくなります。

対処法として珪酸塩白土（けいさんえんはくど）を土壌に混ぜ、余分な肥料成分を吸着させる方法があげられます。トマトの場合は脇き芽を摘み取ることなど、対処法が限られてしまうため、肥料過多にならないように注意しましょう。

▼イモが未成熟のサツマイモ

◀カールしたトマトの葉

## Q08 施肥する以外の方法で、肥沃な畑にできますか？

**A** 土の中には多種多様な土壌微生物が活動しています。この微生物の活動が土壌の団粒化、通気性、保水性、保肥力のアップにつながります。土壌微生物が多ければ多いほど、土壌環境も快適になり、作物も健全に生育できます。

その土壌微生物のエサとなるのが、堆肥や腐葉土などの有機物です。有機物を土壌に混ぜ込むことで、作物にとって生育しやすい、よい土となっていくのです。

作物にとってよい土とは、土壌の物理性（水はけ、通気性など）、化学性（酸度など）、生物性（有機物など）が整っている土壌ですが、土壌微生物が活動しやすい環境を整えてやれば、自然によい土になっていきます。

▲有機物を施した植え溝

# Q09 ボカシ肥料の使い方を知りたい。

▲ボカシ肥料の原料

**A** ボカシ肥料は、米ぬかや油かす、魚粉などを土やもみ殻などと混ぜ合わせ、発酵させた肥料のことです。

有機質肥料は効き目が出始めるまで時間がかかりますが、ボカシ肥料は発酵済みで土壌微生物もたくさん含むため、肥料効果が早く出始めます。

米ぬかやコーヒーの豆かす、魚粉などと水を混ぜでも発酵しますが、発酵促進剤として、納豆やヨーグルトを混ぜてつくることもできます。

植え付け前に元肥として畑に混ぜ込んでもかまいませんし、栽培途中の追い肥（追肥）としても使用できます。ただし、他の肥料と一緒に施す場合は、ボカシ肥料は効き目が早く表れるため、肥料過多にならないように量は控えめに施しましょう。

# Q10 米のとぎ汁や卵の殻を畑に入れてもいいですか？

**A** 米のとぎ汁には、ミネラル分が豊富に含まれているので、水やりがわりに施してもかまいませんが、毎日与えていると、水のやりすぎで野菜は根腐れを起こします。また、とぎ汁に含まれているたんぱく質が土を固くしたり、害虫やカビを発生させることもあるので、液体肥料同様、10日から2週間に1度ぐらいの割り合いがベストでしょう。

身近にあるもので、鶏卵の殻を利用するのもよいでしょう。殻には、カルシウムや微量要素が含まれています。使用するときは卵の殻をよく洗い、乾燥させたものを小さく砕いてから土に混ぜます。

# Q11 余った土や肥料を保存する方法は？

**A** 基本的に、培養土、肥料には使用期限はありません。ただし、開封したものは保管状態が悪いと劣化しやすくなるので気をつけましょう。

開封後の培養土を保管する場合は、袋の口をしっかり紐で締め、雨と太陽光が当たらない環境に置きます。水分が含まれた培養土を日が当たる場所に置くと、袋内に藻が生えやすくなります。

開封後の肥料の保管も、袋の劣化や高温による変質を防ぐため、雨や直射日光が当たらない場所で保管します。特に吸湿しやすい肥料は、口をしっかり締めて物置きにしまいましょう。有機質肥料はネズミや虫などの被害にあいやすいので、箱などに入れておくとよいでしょう。

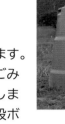

## Q12 コンポスト堆肥のつくり方を知りたい。

▶コンポスター

**A** コンポストとは、身近にある落ち葉や植物がメインの生ごみなどを利用して専用容器（コンポスター）で堆肥をつくることです。家庭から出る生ごみの量が減り、畑や花壇がよい土に変化していくなど、環境にも優しく取り組みやすいエコ活動になります。

つくり方はボカシ肥と同様。土壌微生物の力で生ごみや落ち葉を分解させていきます。使う容器は専用のコンポスターもありますが、段ボールでもかまいません。

容器に生ごみや落ち葉を入れ、その上から土をかぶせます。1回に入れる生ごみは300gから500gにします。かぶせる土は生ごみより少ない量にします。週に1回（段ボールでつくる場合は毎日）全体を混ぜます。ただし、生ごみの水分が多かったり、魚や肉などが多く含まれていると悪臭が発生したり虫が湧くこともあります。

悪臭が漂い始めたら、数日間は生ごみの投入を控えて様子を見ます。虫が湧いた場合、米ぬかを投入して攪拌し、土中の温度を上げて虫を退治します。

## Q13 液体肥料の上手な使い方を教えてください。

**A** 水で希釈（きしゃく）し（薄め）て水やりの際に使用する液体肥料は、手軽で使いやすい追肥として、それも速効を期待して施す肥料です。植物が元気のないときに使用する肥料といったイメージですが、生長期間に必要な成分を施すことで生育に勢いをつけ、味のよい収穫物を得たり、植物の体を充実させるのをフォローする目的でも利用されます。

たとえば、タネまき後にカリ成分が多めの液肥を薄めの希釈で施すと、よい状態の発芽を促せます。また、開花結実前にリン酸成分が高めの液肥を施すことで、充実した収穫物を収穫できるようになります。ただ、植物が元気のないときにラベルに記載されている希釈倍率で施したところ、余計に調子が悪くなってしまった、ということもあるので植物の状態を見ながら、少し薄めの希釈で施して様子を見ることも必要です。

希釈不要のもの以外は、基本的に原液を薄める仕様になっています。液体タイプだけではなく、粉状のものもあります。施す際は葉色や実などを観察し、肥料袋に記載されている成分の割合を確認して、目的に合った液肥を選んで与えましょう。

▲カリ成分を多く含む液体肥料

## Q14 畑のタネまきにもタネまき専用用土を使うべきですか？

**A** 畑にタネを直まきする際に、タネまき専用用土（➡P76）を畑の土に混ぜたほうが発芽しやすいのではないかと初心者は思いがちですが、限られた広さのコンテナと違って畑では用量が増し、費用もかさみます。タネの発芽条件が満たされた土なら、タネまき用土を混ぜなくても発芽します。

発芽に適した土の条件とは、土の中の温度、水と酸素が適量に含まれていること。その条件がそろうことによってタネは目を覚まします。タネ袋には、必ず「発芽適温」が記されているので、それを参考にしてタネまき予定の前日から１週間～10日は土中の発芽適温を維持できる状態に保ちます。

そのためには、タネまきをする場所にあらかじめ水を含ませ、遮光率の低い不織布（べた掛けシート）で畝を覆って土中の温度と湿度をよい状態で保たせ、タネまきに適した土の状態にしましょう。

また、畑の土の通気性や保水性を満たすために、タネまき後に手や足で表土を軽く押さえる鎮圧（ちんあつ）を行うと、タネは土壌と密着して土の中の水分を吸収しやすくなり、水分の蒸発も抑えられることから発芽条件がより満たされます。

▲タネまき

▲鎮圧

## Q15 追肥する回数を減らす方法はありますか？

**A** 栽培期間が長くなる野菜では、生長に伴って追肥が必要です。元肥だけでは、生育途中で肥切れを起こしてしまうからです。しかし、何度も追肥を施すのをおっくうに感じている人も多いようです。施肥作業の簡略化や施肥量の低減につなげるには、緩効性肥料を選び、肥効をコントロールしやすい被覆肥料を使用するとよいでしょう。

被覆肥料とは水溶性の粒状肥料を硫黄、ポリオレフィン樹脂、アルキッド樹脂などで表面をカバーし、肥料成分が溶けていく量や期間をコントロールできる肥料で、コーティング肥料ともいいます。被覆肥料のよい点は、肥効の持続性と溶出をコントロールできることです。

ただし、コーティング材としてプラスチック材を使用しているものは、肥料成分が溶け出した後にコーティング材が残ります。畝の表面ならいいですが、土中に残った場合は取り除くことが困難となるので、プラスチック材の被覆肥料は土中に混ぜずに置き肥として使用するのがよいでしょう。

# Q16 畑に苗を植え付けてもうまく育ちません。土が悪いのでしょうか？

**A** 「土が悪い！」と耳にすることがよくありますが、土壌環境の目視での判断は、難しいかと思われます。苗の状況から判断となると、下記のようなケースが考えられます。

## 1 植え付け直前に、腐葉土、苦土石灰、化成肥料を一度に施して畝だてしていた

植え付け前に、腐葉土を入れて酸度調整を行ってから元肥を施しますが、それぞれを土壌に混ぜて各１週間をあけるのが土づくりの原則。それらを同時に行うと、石灰類が熱を出したり、未完熟な腐葉土を用いた場合は作物に悪影響を及ぼす菌が発生します。また分量以上の施肥は、幼苗の根が肥料焼けを起こすなど、植物の生育にダメージを与えます。

植え付け前の土づくりから畝だてまでは、約１か月要することを予定に入れましょう。

## 2 以前栽培していた作物に土壌の病気が発生した

土壌の病気は土壌中に潜む病原菌によって引き起こされます。その多くは、同じ作物（同じ科の作物）を同じ土壌で続けて栽培する「連作」によって発生します。農作物を連作すると、土壌養分の過不足が生じたり、さまざまな病気によって生育障害が発生したりするだけでなく、土壌病害につながることも多いです。

▼キュウリに発生したベト病

連作障害が出てしまったら、まず土壌消毒（➡P135）を行います。そして、作付計画を立てる際、同じ作物、同じ科の作物が続かないように計画を立てることが大切です。また、マメ科の植物やマリーゴールドなど、コンパニオンプランツ（共生植物）の混植も行ってみましょう。

### こんな苗はどうしたらいい？

**根が褐色でとぐろを巻いている苗**

❶根を切って植え付ける。
❷根鉢を一回り小さく切り、新しい土壌を補充してポットで養生して新しく発根させてから植え付ける。

**葉色が悪く、ひょろひょろしている苗**

❶活力剤で元気をつけてから植え付ける。
❷活力剤で元気をつけた後、一回り大きいポットに植え替えて養生してから植え付ける。

## 3 基準より多く肥料を与えた

植え付け前に元肥を施し忘れてしまったり、肥料を多く与えれば苗が元気を回復するだろうなどの理由で、基準より多めの肥料を施す人がいますが、これでは逆効果になります。肥料の種類、施す目的によって肥料袋の記載どおりに施しましょう。

施しすぎた肥料は、珪酸塩白土（けいさんえんはくど）、ゼオライトなどを土に混ぜ、余分な肥料分を吸着させて調整することも対処法の一つです。

▲珪酸塩白土の散布

# Q17 マルチング資材の使い分け方法は？

**A** 畝の表面にビニールや敷きわらなどで土の表面をカバーすることをマルチングといいます。目的とする効果によって、上手に資材を使い分けましょう。

**ビニールマルチ**
❶黒マルチ➡雑草抑制、保温目的、夏には不向き
❷白マルチ➡地温の上昇を抑える。
❸透明マルチ➡地温を上げ、保温目的
❹シルバーマルチ➡地温を上げず、太陽光を反射させ、害虫の飛来を防ぐ。

**草マルチ**
刈り取ったわらや草などを利用して作物の株元に敷く。温度、湿度を一定化し、土壌微生物の活動を促して肥効を高める。

**腐葉土マルチ**
通気性、保肥性、保水性を高める。使用後、土壌に混ぜることができる。

▲黒ビニールマルチ　▼草マルチ（わら）

# Q18 草取りは必ずしなければなりませんか？

**A** 貸農園など共有場所では、雑草を伸び放題にして放っておくわけにはいきません。きれいな畑を維持することは難しく、野菜栽培で挫折する原因の一つが除草の問題です。

雑草対策としてよく利用されるのが防草シートです。シートには各種ありますが、水はけがよく遮光率が高いものを選びましょう。遮光率が低いと、ネットの下で雑草がはびこります。通路に敷く場合は、ある程度強度があるものがよいでしょう。

ただ、雑草は作物に悪さをする悪の根源と決めつけるものでもなく、うまく共生することもできます。たとえば、混植することで夏場の地温を下げる、土中の水分バランスの調整、冬場の防寒、保湿効果も期待できます。また、土にすき込んで緑肥としても使えます。

▲雑草と共生する畑

ただし、雑草との共生を行う場合に気をつけなくてはならないのが「花をつけない」「種をつけない」。これを守ることで、雑草がよその畑に広がらず、共生が続けられます。

# Q19 猛暑（真夏日）対策について教えてください。

**A** 気温が高くなると、野菜の実りまで早くなることから、よい栽培環境と思われがちですが、収穫物の品質、収量は劣ります。

高温になると葉からの蒸散が増えて根からの吸水が追い付かず、水分が失われてしおれます。直射日光が当たる葉は葉やけを起こし、葉裏の気孔も閉じて光合成も停止するため、作物の生長は止まります。特に地下部が30℃を超えると、土中の肥料バランスが崩れ、土壌環境が悪化して、夏枯れを起こしやすくなります。

対処法として、地温を上げず、土中の保水性を維持するマルチングや、ラッカセイなど這い性の作物などの混植をするのもよい方法です。這い性の植物は茎やつるが横に地面を這うように生長し、土の表面をグリーンで覆ってくれます。

▼這い性植物のラッカセイ

# Q20 厳寒（真冬日）対策を教えてください。

**A** 植物の体の大半は水でできています。低温になると体内の水分も冷え、気温が０℃以下になると、凍結して細胞が死んでしまいます。土中の根も同様で、土が凍結すると根が凍結した箇所で引きちぎられ、作物は倒れて枯れてしまいます。

対策として、土寄せやマルチングで土中の冷えを緩和させる方法や、防風ネットなど資材を利用しましょう。冬野菜のダイコンやホウレンソウなどは、寒ければ寒いほど甘みが増します。これは、細胞の糖度を上げることで凍結を防ぐ野菜自身が身を守る本能です。

寒さがくる前に、作物に寒さに耐えられる栄養分を蓄えさせておくことも大切です。肥料をたくさん与えるということではなく、植物がもともと持っている力を発揮しやすい環境にするための資材（バイオスティミュラン資材）を利用する方法です。高温、低温、乾燥、日照不足などの環境からのストレスを軽減し、植物の育成を促す資材として注目されています。

また最近は、耐寒性に優れた品種も多くなってきたので、そうした品種を選ぶのもよいでしょう。

▲ストレスブロック剤

監修者 **柴田 一**（しばた はじめ）

1960年、秋田県生まれ。東京学芸大学教育学部職業科農学専攻を卒業後、東京都立園芸高等学校の教諭として勤務。1997年、東京都立青鳥特別支援学校へ異動し、都市園芸科の開設に携わる。2003年から2年間、中米ホンジュラス国にてJICAシニア・ボランティアとして野菜栽培・農村開発プログラムに着手。帰国後2007年、東京都立田園調布特別支援学校へ異動し、野菜栽培を主とした作業学習を担当。2021年、同校を退職後、東京都新宿区青少年活動推進委員農業講師として社会教育事業に従事する。主な著書に『コマツナの栽培と18の実験』（さ・え・ら書房）がある。

著者 **原 由紀子**（はら ゆきこ）

1962年、岡山県生まれ。東京都立園芸高等学校卒業後、短大へ進学。㈱日比谷花壇勤務後、東京都立園芸高校、専門学校やカルチャースクール、公共機関等の講師として教鞭をとり、幅広く園芸の楽しさや植物を生活に取り入れる方法を伝える。また、造園会社等で庭やベランダ、テラス等のデザイン、施工、メンテナンスなど現場も手掛けている。園芸装飾技能士（労働省）、グリーンアドバイザー（日本家庭園芸普及協会）、土づくりアドバイザー（日本土壌協会）。著書、監修書に『気軽に楽しむミニ盆栽』（西東社）、『いますぐ使える家庭菜園・農園道具の便利帳』（大泉書店）、『はじめてのベランダガーデニング』『だれでもできるプランター菜園』『コンテナスピーディ菜園』（ブティック社）などがある。

| | |
|---|---|
| 撮影 | 平野時義 |
| イラスト | 山田博之、Getty Images |
| デザイン | 佐々木容子（カラノキデザイン制作室） |
| 執筆協力 | 井上昌夫 |
| 写真協力 | アルスフォト企画、（株）ハイポネックスジャパン、ソフト・シリカ（株）、（株）リッチェル、福澤清子 |
| 編集協力 | 帆風社 |

※本書は、当社刊『おいしい野菜がたくさんできる! 土・肥料の作り方・使い方』（2014年12月発行）を再編集し、書名・価格等を変更したものです。

**増補新版 おいしい野菜がたくさんできる！**
**土・肥料の作り方・使い方**

| | |
|---|---|
| 監修者 | 柴田 一 |
| 著　者 | 原 由紀子 |
| 発行者 | 若松和紀 |
| 発行所 | 株式会社 西東社<br>〒113-0034　東京都文京区湯島2-3-13<br>https://www.seitosha.co.jp/<br>電話　03-5800-3120（代） |

※本書に記載のない内容のご質問や著者等の連絡先につきましては、お答えできかねます。



ISBN 978-4-7916-3327-2